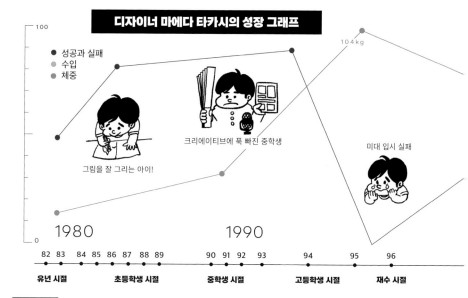

# 디자이너 마에다 타카시의 성장 그래프

- 성공과 실패
- 수입
- 체중

1980

1990

104kg

그림을 잘 그리는 아이!

크리에이티브에 푹 빠진 중학생

미대 입시 실패

| 82 83 | 84 85 86 87 88 89 | 90 91 92 93 | 94 | 95 | 96 |
|---|---|---|---|---|---|
| 유년 시절 | 초등학생 시절 | 중학생 시절 | 고등학생 시절 | | 재수 시절 |

## 유년 시절

5세 아버지가 색칠한 만화 《닌자 핫토리 군》에 매료되었다.

6세 《월간 소년 챔프》에 빠졌다. 만화에 나오는 여러 로고 마크를 따라 그렸다.

## 초등학생 시절

7세 만화 《근육맨》을 따라 그리기 시작했다. 반에서 그림을 제일 잘 그리는 아이가 되었다.

8세 만화 《드래곤 볼》의 제1화를 보고 충격을 받았다. 손오공 그림을 열심히 그렸다.

9세 우유병 병뚜껑에 붙어 있던 빅쿠리맨 스티커를 모으는 데 빠졌다.

10세 반 아이들의 다수결로 운동회에서 반을 상징하는 깃발을 그리게 되었다.

11세 처음으로 '시카탄'이라는 캐릭터를 디자인했다.

12세 만화 드래곤 볼의 작가 《토리야마 아키라의 HETAPPI 만화 연구소》를 접하며 그가 원래 그래픽 디자이너라는 사실을 알게 되었다. 애니메이션을 보면서 만화를 그리는 스타일에 몰두하게 되었다. 축구부를 그만둔 이후 살이 급격하게 찌기 시작했다.

## 중학생 시절

13세 친구인 아라이와 쿵후 만화 〈쿵후〉를 그렸다.

14세 자작 만화를 만들어 스스로 더빙하고, 배경음악도 만들어 넣었다. 대본을 짰다.

15세 수학여행에서 친구 아라이와 함께 만든 콩트가 송별회에서 인기를 얻었다.

## 고등학생 시절

16세 호토쿠가쿠엔 고등학교에 입학했다. 궁도부에 들어갔는데, 사범에게 개복치라고 불렸다. 열심히 연습한 끝에 궁도로 대회에 나갈 수 있는 자격을 얻었다.

17세 만화를 계속 몰래 그리며 만화가가 되고 싶은 꿈을 가졌다. 소설 《우리들의 7일 전쟁》에 빠졌다. 소설의 내용처럼 전략을 세우는 것에 흥미를 갖게 되었다. 아코기시 봉찬 고교 궁도 대회에서 우승했고 그 사이 체중은 104kg이 되었다.

18세 선생님의 조언을 계기로 체육 대학교에 가는 것을 포기하고 미술 대학교에 진학하기로 결심했다. 나카노시마 예술 학원에 다니며 간사이 미술 대학교의 입학 시험을 봤지만 불합격했다.

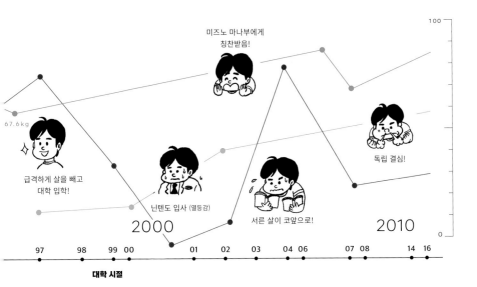

## 재수 시절

19세 1년간 재수생 생활을 하며 열심히 디자인을 공부했다. 취약했던 색채 구성을 공부하면서 꾸준히 성장했다. 11월에 오사카 예술 대학에 합격했다. 석고 데생을 그리면서 다이어트에 집중했다.

## 대학 시절

20세 오사카 예술 대학교에 입학하여 수험 생활에서 해방된 기쁨에 젖었다. 급격한 다이어트로 67kg이 되었고 처음으로 파마도 했다. 첫 자취를 시작했지만 얼마 지나지 않아 외로움에 다시 집으로 돌아갔다.

21세 열심히 대학 과제를 하며 보냈다. 카메라 동아리를 만들었고 일러스트 전시회를 개최했다. 치마, 바지 등 다양한 만들기를 시도했다.

22세 재수 시절 사귀었던 친구에게 너는 앞으로 뭐 해고살 것이냐는 말을 듣고 충격을 받았다.

23세 상하이 대학교와 중일 교류전에 작품을 출품했다. 워크숍에서 독일의 그래픽 디자이너 홀거 마티스Holger Matthies에게 칭찬받았다. 사카모토 료마에게 빠졌지만 우선 디자인을 열심히 하기로 결심했다. 훗날 나의 상사가 만든 닌텐도의 회사 안내 책자를 보고 닌텐도에 입사하기로 결심했다.

24세 닌텐도 입사하여 기획부에 배정받았다. 첫 월급으로 우유병 뚜껑 모양의 명함을 만들었다. 뛰어난 입사 동기에게 열등감을 느꼈다. 20대에는 디자인 공부를 열심히 하기로 마음먹었다.

25세 아내와 결혼했다. 아오야마 북 센터에서 요셉 뮐러-브로크만Josef Müller-Brockmann의 책을 읽었다.

26세 어느 세미나에서 디자이너는 쓰레기를 만든다는 말을 듣고 큰 충격을 받았다. 쓰레기가 아닌 제대로 된 디자인을 만들겠다고 결심했다.

27세 NY ADC와 THE ONE SHOW에 입선했다.

29세 30세를 앞에 두고 '디자이너로서 이대로 괜찮을까'라는 고민에 빠졌다. 능력을 시험하기 위해 이직을 결심했다. 굿디자인컴퍼니good design company에서 면접을 보고 미즈노 마나부에게 칭찬도 받았지만 결국 불합격했다.

30세 지인의 디자인을 돕다가 중간에 그만두었다. 우울한 날들이 이어졌다.

31세 진짜 원하는 건 이직이 아니라는 사실을 깨닫고 지금의 환경을 즐기기로 마음먹었다. 골프, 근력 운동, 게임 드래곤 퀘스트 X 등을 하면서 사생활을 알차게 보내고, 일도 열심히 했다.

37세 아버지의 치매 증상이 심해져 이직을 결심하게 됐다.

38세 닌텐도를 퇴사했다.

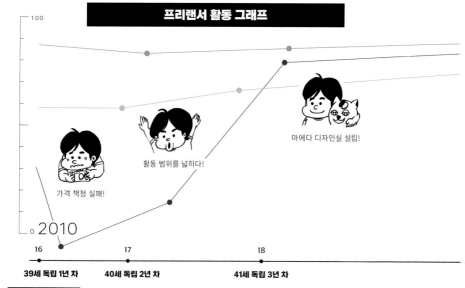

프리랜서 활동 그래프

가격 책정 실패!

활동 범위를 넓히다!

마에다 디자인실 설립!

2010

16　　　　　17　　　　　18

**39세 독립 1년 차**　　**40세 독립 2년 차**　　**41세 독립 3년 차**

### 39세 독립 1년 차

2월 프리랜서 디자이너로 활동을 시작했다.

3월 가격 책정에 실패하는 사건이 벌어졌다.

4월 전문학교 HAL에서 시간강사로 일했다.

6월 일을 구하기 위해 블로그 NASU-note를 개설했다. 포스팅으로 올린 〈로고 만드는 방법〉이 화제가 되었다.

11월 첫 디자인 세미나를 열었다.

12월 프로필 사진 디자인과 블로그 디자인을 함께 제공하는 세트 서비스를 시작했다. '디자인 질문 상자'를 기획했다.

### 40세 독립 2년 차

3월 '사랑의 디자인 조언'을 기획했다.

4월 오사카 예술 대학에서 시간강사로 일했다.

5월 과감하게 도전하기로 결심하고, 관심 있는 일은 일단 행동으로 옮기기로 마음먹었다.

7월 온라인 살롱 미노와 편집실에 들어갔다.

10월 책을 내기 위해 미노와 편집실을 그만두었다.

11월 홈페이지 제작 일을 계기로 미노와 편집실에 다시 복귀했다. 미노와 편집실에서 다양한 디자인을 만들었다. 미노와에
　　게 미노와 편집실의 성공 비결 90퍼센트는 디자인에 있다는 평가를 받았다.

### 41세 독립 3년 차

3월 미노와 편집실의 영향을 받아, 온라인 커뮤니티 마에다 디자인실을 시작했다.

5월 《NewsPicks Book》의 1주년 판촉 디자인을 미노와 편집실 디자인 팀에서 제작하기로 했다.

6월 블로그 NASU-note를 법인화했다.

7월 도쿄에서 진행한 첫 토크 이벤트 이후에 쇼도시마, 구마모토에서 연달아 개최했다.

9월 마에다 디자인실에서 만든 잡지 《마에본》이 아오야마 북 센터 본점을 시작으로 대형 서점에서 판매되었다.

10월 《마에본》의 출간 기념으로 아오야마 북센터 본점에서 토크 이벤트를 열었다. 긴자의 TSUTAYA BOOK SOTRE, BOOK LAB
　　TOKYO, Standard Bookstore 신사이바 시에서 토크 이벤트를 진행했다. 이후에 신오사카에 사무실을 빌렸다. 《NewsPicks
　　Book》 편집에 참가했다. 사도시마 요헤이와 대화하며 만화가로 전직하기로 결심했고 디자이너 은퇴를 선언했다.

12월 미노와 편집실의 초대 MVP가 되었다.

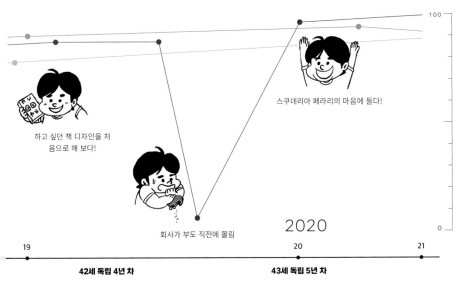

하고 싶던 책 디자인을 처음으로 해 보다!

스쿠데리아 페라리의 마음에 들다!

회사가 부도 직전에 몰림

2020

100

0

| 19 | 20 | 21 |

**42세 독립 4년 차**

**43세 독립 5년 차**

## 42세 독립 4년 차

**1월** 만화가 활동에 전념하기 위해 우선 회사를 크게 키우기로 결심했다. TSUTAYA BOOK STORE 우메다 MeRISE점에서 토크 이벤트를 진행했다.

**2월** 기노쿠니야 서점 우메다 본점에서 토크 이벤트를 진행했다.

**3월** 이타 가키 유우고가 쓴 《억지로 하지 않아도 괜찮아》를 시작으로 북 디자인을 하게 되었다. 우메다 츠타야 서점에서 토크 이벤트를 열었다.

**4월** 마에다 디자인실에서 서적 《NASU본 마에다 타카시의 디자인》을 제작했다. 디자인 서적에서 높은 평가를 받았다. 출판 기념 토크 이벤트를 BOOK LAB TOKYO, 아오야마 북 센터 본점, 다이칸야마의 TSUTAYA BOOK SOTRE에서 실시했다.

**7월** 오사카의 먹자골목인 오하츠텐진 오모테산도의 판촉 디자인을 마에다 디자인실에서 진행했다.

**8월** 보드게임 제작회사인 주식회사 NEXERA에 투자했다.

**10월** NASU에서 신규 사업으로 커뮤니티 사업을 시작했다.

**11월** NASU를 오사카의 난바로 이전했다. 하고 싶은 일만 하다간 파산하기 좋다고 생각했다.

**12월** 도쿄에 사무실을 만들어 온라인 커뮤니티 'NASU 길드'를 시작했다. 모자이크 팬티 아트북 출판 기념 이벤트를 아오야마 북 센터 본점에서 개최했다. 아오야마 북 센터 본점의 커뮤니티 사업의 운영 서포트를 시작으로, CAMPFIRE community와 커뮤니티 사업을 협력했다.

## 43세 독립 5년 차

**1월** 라디오 북 주식회사의 크리에이터 디렉터로 취임했다.

**2월** 라디오 북의 멤버로 이탈리아의 스쿠데리아 페라리 본사를 방문했다.

**3월** BS 후지 <토코로 씨의 세타가야 베이스> 방송에 모자이크 팬티와 NASU본이 소개되었다.

**4월** 라디오 북 주식회사의 커뮤니티 사업 운영 서포트를 시작했다.

**5월** 호평받았던 콘텐츠 '오니 피드백®'을 상표 등록했다.

**7월** F1 오스트리아 GP에서 라디오 북 주식회사의 로고가 페라리의 차체에 게재되었다.

**8월** 마에다 디자인실에서 탄생한 프로덕트 'VIEW'가 CAMPFIRE community의 서포트 페이지에 게재된 것을 계기로 NASU 출자로 주식회사 VIEW를 설립했다.

**3월** 본서를 출판했다.

포켓 몬스터 in 이세탄 메인 아트

마에본

주식회사 NEXWERA

주식회사 WORDS

《NewsPicks Book》 1주년

라디오 북 주식회사 브랜딩

Remake easy

주식회사 엔도로루로고

#コミュフェス

CAMPFIRE COMMUNITY
FESTIVAL

CAMPFIRE 커뮤니티 페스티벌

주식회사 쓰쿠젠 타카시 교자

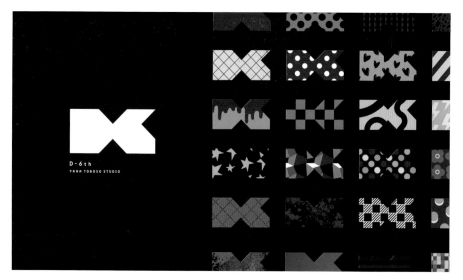

만화가 토보소 야나의 크리에이티브 팀 'D-6th' 브랜딩

모자이크 팬티

포켓몬 스마일

오다이지니 약국 브랜딩

NASU본 마에다 타카시의 디자인

닌텐도 디자이너의 독립 프로젝트

# 닌텐도 디자이너의
# 독립 프로젝트

그래픽 디자인 생존 전략

마에다 타카시 지음
한세희 옮김

PLAY

YES    NO

유엑스 리뷰

START

"이렇게 엄청난 방법을 공짜로 알려줘도 괜찮나요?"

많은 사람이 나에게 이런 질문을 던졌다. 2016년, 2월 1일 나는 15년 간 근무했던 닌텐도를 퇴사하고 'NASU'라는 회사를 만들어 프리랜서 활동을 시작했다. 당시만 하더라도 인터넷으로 디자인 과정을 무료로 알려주는 프로 디자이너는 나 하나뿐이었다. 대표적으로 블로그에 게시한 〈로고 만드는 방법〉이 큰 주목을 받았다. 클라이언트에게도 보여 주지 않는 생각의 흐름이나 섬세한 기술까지 적어두었다. 예를 들면 야구 선수가 특정 타자에 대한 투구 의도, 연습 방법, 잡는 비결, 사인까지 모두 떠드는 것과 마찬가지였다. 디자인 학교에서 돈을 내고 배우거나, 디자인 사무소에서 막내로 일할 때 배울만한 것들을 공개한 셈이니 나를 아는 고객들도 꽤 놀랐다.

늘 독립하고 싶다고 말했지만 나는 사실 기댈 만한 인맥도 없었다. 막 독립을 시작했을 땐 어찌어찌 일을 받아 꾸려 나갔지만 꾸준히 들어오는 건이 아니라 매일이 불안했다. 나와 띠동갑 정도 차이 나는 지인들은 SNS를 다양한 방면으로 활용하고 있었고, 거의 모든 것들을 공개하고 있었다. 그러다 문득 저 사람들은 뭐든지 다 알고 있다는 생각이 들었다. 바로 이거다! 나는 그 지인들을 머리부터 발끝까지 전부 따라 하기로 마음먹었다. 나도 커뮤니티에 모든 정보를 공개하기로 결심했다. 자존심 따위는 다 버리고 필사적으로 따라했다. 디자인 기술, 사고방식은 물론 사생활까지도 흉내 냈다. 직장을 옮기는 데 실패해서 좌절한 경험까지 모두 공개한 것이다. 멋도 없고 전략적이지도 않았지만, 나를 알릴 방법은 이것뿐이었다. 그런데 뜻밖에도 기사를 읽은 사람에게, 디자인 하나 완성하는 데 이렇게 많은 고민이 있는 줄은 몰랐다며 나와 함께 일하고 싶다는 연락을 받았다.

디자이너는 고독한 직업이다. 그래도 함께하는 동료는 필요한 법이다. 디자인은 혼자서 할 수 없기 때문이다. 클라이언트, 인쇄 회사와 같은 동료는 가치관이 맞아야 한다. 동료를 찾는 최적의 방법은 바로 인터넷에서 정보를 발신하는 것이었다. 그렇게 동료 찾기는 2018년에 시작한 온라인 커뮤니티 마에다 디자인실 활동으로 시작되었다.

2019년 note에 올린 〈이것은 디자인 기획안이 아니다〉라는 기사가 화제가 되었다. 초보 디자이너들이 디자인을 제안하는 방법에 관해 줄곧 아쉽게 생각했던 부분을 솔직하게 담은 글이었다. 기사는 순식간에 퍼져나갔고 페이지뷰가 5만을 넘었다. 지금도 페이지뷰는 계속 늘어나고 있다. 실무적인 내용이었고 의뢰하는 사람의 입장에서도 배울 수 있는 게 많다는 반응이었다. 이렇게 당연한 이야기가 이

◆

정도로 주목을 받는 이유는 무엇일까? 이를 계기로 하나의 해답을 얻을 수 있었다. 아무도 이런 글을 쓴 적이 없다는 것이었다.

〈로고 만드는 방법〉은 물론이고 이제껏 내가 쓰고 이야기한 다른 아직 아무도 쓰지 않은 주제들이었다. 마치 비평가처럼 디자인을 피드백한 내용을 담은 기사도 마에다 디자인실에서 만든 《NASA》라는 가지 모양의 책도 이제까지 시도했던 사람이 없었다. 〈시선을 사로잡는 디자이너〉, 〈데생이 우수한 크리에이터를 키우자〉, 〈좋은 크리에이티브를 만드는 방법〉 등도 그랬다. 아오야마 북 센터 본점의 점장인 야마시타와, 세계적인 그래픽 디자인 잡지인 《아이디어IDEA》 등에서 《NASA본NASA本》 책은 어디에도 없었다고 높게 평가한 덕에 알게 된 사실이다. 서점의 디자인 서적 코너에 가 보자. 그곳에는 하라 겐야나 사토 카시와, 미즈노 마나부의 디자인 철학서가 있다. 디자인 전문 출판사가 정리한 실전 모음집이나 노하우가 담긴 책도 빽빽하게 진열되어 있다. 나 역시 이 책들의 도움을 많이 받았다. 하지만 정작 내가 한참 고민에 빠져 있을 때, 제대로 된 해결 방법을 제시해 주는 책은 없었다. 머리를 한 대 맞은 기분이었다. 내가 쓸 책은 바로 이거였다.

지금도 고민하고 있는 디자이너가 있다면 아마도 누군가가 알려 주는 해답을 기다리고 있거나, 어떻게 해야 좋을지 몰라 망설이고 있을지 모른다. 베테랑 디자이너들은 너무 당연한 이야기라 언어화할 필요가 없다고 생각할 수도 있다. 나 또한 지적이 들어올지 모른다는 생각은 하고 있지만, 용기를 내서 이야기를 써보고자 한다. 나는 훌륭한 디자이너는 아니다. 인터넷을 통해 내가 나를 평가할 때 애매한 실적과 애매한 경험을 가지고 있다고 이야기한 적이 있었다. 하지만 나는 평범하기에 오히려 쓸 수 있는 말이 많은 사람이다.

나는 고등학생 때 인생에서 꼭 무언가는 이루고 죽겠다고 생각했다. 미술 대학교에 입학한 후에는 일류 디자이너가 되겠다고 마음먹었다. 하지만 뛰어난 동기들을 보며 수없이 좌절했다. 그야말로 천재로 가득했다. 평범하고 센스없는 사람의 선두가 바로 나였다. 그래서 남들보다 더 필사적으로 살 수 있었다. 재수하던 시절에는 강사를 몇 번이나 찾아가 이해가 될 때까지 질문을 반복했다. 과제도 다른 사람의 몇 배가 되는 양을 하며 실력을 올리기 위해 노력했다. 오사카 예술 대학에 입학한 뒤에는 교수님과 자주 이야기를 나눴다. 기술이든 자세든 훔칠 수 있는 것은 다 훔치고 싶었다.

닌텐도에 들어간 뒤에도 남들보다 몇 배는 많은, 퀄리티까지 갖춘 디자인을 만들었다. 디자인 관련 책을 닥치는 대로 사서 전부 읽었다. 주말이면 디자인 유료 세미나에 참가하는 등 디자인 능력을 키우기 위해 남들보다 필사적으로 노력했다. 그리고 문득 정신을 차려보니 꽤 많은 일을 하고 있었다. 여러 클라이언트가 내가 만든 결과물에 만족했다. 나는 지금도 아주 즐겁고 행복하게 동료들과 함께 디자인을 하고 있다. 여전히 일류 디자이너가 무엇인지 모르겠기에, 앞으로도 이에 대해 끊임없이 고민할 예정이다. 한 가지 말할 수 있는 것은 나는 지금 디자이너로서 매우 만족하고 있다는 것이다. 그 이유를 본문에서는 과장하여 '이기는 디자인'이라고 표현했다. 승률이 높은 디자인일수록 클라이언트를 보다 빠르게 만족시킨다. 직원들에게는 긍정적인 비전을 제공하여 의욕을 끌어올리고, 아이디어가 샘솟는 경험을 제공한다. 이렇게 디자인으로 많은 사람의 마음을 움직이게 하는 것이 목표이다. 이때 중요한 것은 디자인을 만드는 일이 가장 재밌

◆

고 즐겁고 최고라고 실감하는 것이다.

이것이 결과적으로 매상, 고객 유치, 채용, 수주 등의 수치로 이어진다. 마음은 정의할 수 없다고 말하는 사람도 있다. 하지만 좋은 디자인은 누가 보아도 좋다. 많은 사람이 애플의 제품 디자인을 보며 좋다고 이야기하지 않는가? 페라리는 누가 봐도 멋있다고 말하지 않는가? 루이비통 가방은 누가 보아도 아름답고 고급스러운 제품이다. 이처럼 좋은 디자인은 확실하다. 디자인으로 결과를 뒤집지 못했다는 말은 디자인으로 타인의 마음을 움직이지 못했다는 것이다. 마음을 움직이는 성공적인 디자인, 이 책에서 말하는 이기는 디자인을 만드는 것이 바로 프로 디자이너이다. 그렇지만 디자인으로 무엇을 이긴다는 것인지, 그 의미를 해석하는 게 다소 추상적이라 이해하는 것이 쉽지 않다. 앞으로 이 책의 소개도 할 겸 구체적으로 이기는 디자인이 무엇인지, 그 의미에 대해 알려주고자 한다. 우선 내가 생각하는 '이긴다'는 말이 뜻하는 대상은 다음과 같다.

❖ 디자인이 필요한 클라이언트
❖ 라이벌 디자이너가 있는 디자이너 (고민이 많은 디자이너, 앞으로도 살아남아야 하는 크리에이터)
❖ 미대 콤플렉스를 극복하고 싶은 디자이너 (경력이 걱정되는 디자이너)

'이긴다'는 것은 자신만의 좋은 디자인을 만들 수 있고 회사와 동료들에게 도움을 줄 수 있다. 그렇다면 이기는 디자인을 어떻게 만들수 있을까? 이 책에 나와 있는 생각이나 기술을 정리하면 다섯 가지로 말할 수 있다.

## 1. 쉽게 알 수 있는 디자인

쉽게 알아볼 수 있고 많은 정보를 한 번에 전달할 것. 여기에서 이야기하는 정보량이란 단순히 텍스트의 정보만을 이야기하는 것이 아니다. 분위기와 느낌을 함께 포함한다. 디자인은 한 방에 발사되는 로켓처럼 단숨에 전달되어야 한다. 아무리 멋진 디자인이라도 의도를 파악하기 어렵다면 좋은 디자인이 아니다. 정보를 직접적으로 전달하는 디자인은 그냥 만들어지지 않는다. 목표를 설정하고 목적이 있는 디자인이어야 한다. 디자인하는 단계에서 프레젠테이션이 가능할 정도로 고심하여 완성도 있게 만들어야 한다. 생각의 양과 디자인의 퀄리티는 반드시 비례한다. 깊게 고민하여 만든 목표를 가지고 있는 디자인이어야 한다. 소제목 20번을 참고하면 좋다.

## 2. 폴리시policy가 있는 디자인

기획 내용이나 디자인 세계관 같은 포인트를 명확히 설정하고 철저하게 지키고 있는지 확인해야 한다. 본문에서는 이 포인트를 콘셉트 또는 호패라고 표현했는데 여기에 맞지 않거나 벗어난 부분이 없는지 체크해 보자. 소제목 23번, 24번을 참고하면 좋다.

## 3. 맞춤형 디자인

맞춤형 디자인이란 다시 말하면 '주어가 바뀌면 성립되지 않는 디자인'을 말한다. A라는 클라이언트가 의뢰한 디자인은 A를 위한 디자인이어야 한다. 만약, 다른 클라이언트인 B를 대입했을 때 성립이 된다면 이는 잘 만든 디자인이라고 하기 어렵다. 비슷한 디자인을 바꿔서 다른 곳에도 사용하고 있지 않은가? 제품을 토대로 디자인을 떠올린 것인지, 서비스를 토대로 떠올린 것인지 체크해야 한다. 소제목 14번을 참고하면 좋다.

### 4. 흥미를 유발하는 디자인

아름답고 멋진 디자인은 사람의 마음을 움직인다. 요즘은 좋은 디자인이 넘쳐나는 시대이기 때문에 이것만으로는 부족함이 있다. 시선을 사로잡는 포인트는 기획과 전달 방법에 있다. 디자인 자체가 좋은 것은 당연하며 만든 것을 전달했을 때 보는 사람의 흥미를 유발할 수 있어야 한다. 당신의 디자인이 다른 디자인들 사이에 놓여 있다고 생각해 보라. 전혀 눈에 띄지 않는다면 사람들이 관심을 가질 만한 매력을 만들어야 한다. 소제목 34번을 참고하면 좋다.

### 5. 함부로 버릴 수 없는 디자인

디자이너는 쓰레기를 만든다는 말은 예전에 세미나에서 들은 말이었다. 충격을 받아 한동안 이 일을 부끄러워한 적도 있다. 그리고 생각을 바꾸어 함부로 버릴 수 없는 디자인을 만들어야겠다고 다짐했다. 버릴 수 없는 디자인이란 퀄리티와 직결된다. 단순한 전단지라도 그걸 이용해 장식하고 싶을 만큼 퀄리티가 높은 디자인이 있다. 이러한 디자인을 목표로 하면 되는 것이다. 당신 방에도 그런 디자인이 있는가? 그것을 티셔츠로 만들어 입고 밖을 걸어 다닐 수 있는가? 한번 상상해 보자. 본문에서는 소장하고 싶은 디자인을 만드는 방법을 소제목 11번에서 조형을 갈고 닦는 방법으로 소개했다. 이를 소홀히 하면 소제목 13번에서 언급한 진부한 디자인이 된다. 이런 부분들을 참고하여 생각하면 좋다.

◆

이렇게 다섯 가지 요소를 만족한 디자인이 보는 사람의 마음을 사로잡는 좋은 디자인이 된다. 인생은 배움의 여정이다. 마침 나는 여정의 반환점에 도착했다. 여기까지 오는 데 수많은 괴로움이 있었지만, 이 경험 덕분에 책을 쓸 수 있었다. 본편에서 자세히 언급했지만, 요즘은 디자인이 생활이 된 시대라 그래픽 디자인만으로는 살아남기 어려운 상황이 되었다. 이런 이유에서 지름길로 갈 수 있다면 그 길을 가도록 도와주고 싶다. 이 책이 그래픽 디자이너가 오래도록 살아남는 데 도움이 된다면 기쁘겠다.

이 책에는 사람의 마음을 움직일 수 있는 좋은 디자인을 만드는 방법이 담겨 있다. 일류 디자이너를 꿈꾸며 만들었던 작업과 닌텐도 재직 시절 일하면서 실천했던 나만의 업무 기술, 디자인 능력을 높일 수 있었던 모든 방법을 가감 없이 담았다. 닌텐도를 퇴사하고 프리랜서라는 가시밭길에서 얻은 경험과 기업을 세워 실천하고 얻었던 모든 노하우를 녹여냈다. 디자인적인 사고방식이나 훌륭한 결과물이 필요하다면 그 분야의 최고 작가가 쓴 디자인 책으로 공부하길 바란다. 나 또한 그들의 책을 읽고 공부했다. 내가 쓴 것은 솔직하고 사실적인 디자인 이야기다. 나처럼 홀로 고군분투하고 있는 디자이너에게 조금이라도 힘이 될 수 있다면 기쁠 것이다.

주식회사 NASU 대표이사
마에다 타카시

# 차례

# 제2장 - '맞춤형' 디자인을 만들다

## 1장

'이유' 있는 디자인을 말하다

# 1. 어느 날, 페라리가 내 디자인과 사랑에 빠졌다

때는 2020년, 나는 이탈리아에 있었다. 코로나바이러스감염증이 전 세계를 뒤흔들기 바로 직전이었다. 크리에이티브 디렉터로 일하고 있는 라디오 북RADIOBOOK 주식회사가 세계 최고의 F1 레이싱 팀인 스쿠데리아 페라리Scuderia Ferrari와 공식 파트너십 계약을 체결하게 되었다. 내가 디자인한 로고와 명함 덕분에 성사된 계약이었기에 당연히 그 자리에 함께했다. 2019년에 새롭게 만들어진 라디오 북의 명함은 검은 바탕에 검은 글씨로 박을 입힌 디자인이었다. 이 명함은 안에 적힌 글자를 읽기도 어려웠고 명함의 본래 기능도 없었다. 하지만 이 명함을 받은 사람들은 한결같이 명함을 보며 멋지다고 말했다.

라디오 북의 CEO인 유고YUGO는 명함 디자인을 주문할 때 당신이

라디오 북의 명함 (제공: 라디오 북 주식회사)

가장 멋있다고 생각하는 디자인으로 부탁한다고 말했다. 그 결과 탄생하게 된 이 도전적인 명함은 돌고 돌아서 스쿠데리아 페라리의 대표인 마티아 비노토의 손에 들어갔다. 그리고 라디오 북의 이념과 공감한 끝에 13년 만에 일본의 기업과 공식적인 파트너십 계약을 맺게 되었다. 다시 말하면 내가 디자인한 로고가 세계 최고의 F1 머신과 네덜란드의 로열 더치 셸Royal Dutch Shell사나 미국의 레이밴Ray-Ban 등, 누구나 이름만 들으면 다 아는 대기업의 로고와 함께 실린다는 의미였다. 디자이너로서 정말 영광스러운 일이었다.

닌텐도Nintendo를 그만두고 프리랜서가 된 뒤에 다짐한 것은 나 자신을 세상에서 제일 잘 나가는 디자이너라고 생각하며 일하는 것이었다. 나보다 뛰어난 실력과 높은 인지도를 가진 세계적으로 유명한 디자이너가 많다는 것은 당연히 알고 있었다. 오히려 이렇게 글을 쓰면 주변에서 비웃을 것 같아 내심 부끄럽기도 했다. 하지만 이렇게 마음먹은 이상 책임을 져야 했다. 남에게 인정받고 싶다기 보다, 세계에서 가장 뛰어난 디자이너의 마음가짐으로 일해야겠다는 생각이었다. 그렇게 하다 보면 세계적인 수준의 디자인도 만들 수 있을 것 같았다. 내가 디자인한 로고를 새긴 페라리가 전 세계의 서킷을 달리는 모습을 본 순간, 큰소리쳤던 보람이 있다고 생각했다.

꽤 유명한 일화를 또 하나 이야기해 보겠다. 인기 만화가인 토보소 야나의 크리에이티브 팀인 D-6th의 로고 디자인을 담당하게 되었다. 토보소 야나는 내 블로그의 〈로고 만드는 방법〉이라는 글을 보고 디자인을 의뢰했다고 말했다. 스스로를 세계에서 가장 뛰어난 디자이너라고 말하는 것이 두려웠지만, 소리 내서 말하다 보면 실제로 이루어지기도 한다는 것을 이 경험으로 알게 되었다.

다시 이탈리아로 돌아가 보자. 이탈리아에 도착한 당일 나는 밀라

페라리 F1 머신에 새겨진 라디오 북 로고 (제공: 라디오 북 주식회사)

노 거리로 나갔다. 아름답기로 유명한 스타벅스 리저브 로스터리 밀라노Starbucks Reserve Roastery Milano를 방문했는데 그곳에서 생각지도 못한 큰 자극을 받았다. 낡은 건물과 새로운 문화가 융합되어 있는 아주 독특하고 훌륭한 곳이었다. 나는 그곳에서 받은 영감을 귀국 후 디자인에 반영했다.

그중 하나가 2020년 여름, 트위터에서 트렌드가 되었던 투자금 마련을 위해 진행한 크라우드 펀딩crowd funding(군중에게 자금조달을 받는다는 의미로, 자금이 필요한 개인, 단체, 기업이 웹이나 모바일 네트워크 등을 이용해 불특정 다수에게 자금을 지원받는 것을 말함)에서 솔드 아웃까지 된 회원제로 운영하는 시부야의 파르페 겸 바parfait bar Remake easy의 세계관 디자인이었다.

사실 이 세계관 디자인은 라디오 북이 처음부터 노렸던 것이었다. Remake easy의 표면적인 테마는 제철 과일을 사용해 단 하나뿐인 파르페를 특별한 곳에서 특별한 사람과 맛볼 수 있는 세련된 공간이다. 파르페를 먹으며 기다리는 동안 스마트폰 수리가 가능한 곳이라는 테마가 함께 숨어 있다. 이탈리아에서 귀국한 후, 사전 미팅이 있어서 방문했던 밀라노의 스타벅스에서 받은 영감을 이 디자인에 녹여냈다. 이 외에도 또 있다. 라디오 북은 회사 굿즈로 종이봉투를 만들고 있었는데 세상에 널리고 널린 흔한 봉투 대신 밀라노의 스타벅스처럼 고급스러움과 예스러움을 융합한 세계관을 잘 녹여낸 굿즈를 만들어야겠다고 생각했다.

이처럼 여행지에서 접한 것들에게 영감을 받고 디자인에 그것을 반영하는 것은 흔한 일이다. 밀라노 대성당 같은 역사적으로 아름다운 건축물도 방문했지만 크게 와 닿는 것이 없었다. 지금으로부터 20

년 전에 독일과 프랑스로 신혼여행을 다녀왔다. 디자이너라면 루브르 박물관은 프랑스에서 가장 먼저 방문하는 곳 중 하나라고 생각할 것이다. 단체 투어 일정에 루브르 박물관도 포함되어 있었지만 우리 부부는 그곳에 가지 않았다. 그 대신에 자유 여행 시간을 얻어 현지 시장이나 잡화점을 둘러보았다. 일본 내에서도 가족 여행을 가면 관광 자산을 활용하여 만든 관광 상품 쪽에 훨씬 흥미를 갖는다.

나는 디자이너 중에서도 예술적인 것보다는 기획하는 것을 좋아하는 편이다. 디자인은 사고와 조형의 조합이라고 할 수 있다. 물론 둘 다 중요하지만, 내 경우는 사고에 치우친 편으로 스스로 기획하여 움직이는 일을 훨씬 좋아한다는 것을 잘 알고 있었다. 아주 예전에 용하다는 점쟁이가 나를 보며, 아름다움에는 관심이 없다며 디자이너인데 의외라고 말한 적도 있었다.

Remake easy 로고와 실내 장식 이미지 (제공: 라디오 북 주식회사)

그 말을 듣고 정말 용하다고 생각했다. 이는 사실이었다. 나는 아름다움보다는 즐거움을 좋아하는 타입이다. 사람의 마음을 사로잡고 그들이 바라는 것을 만들고 싶었다. 다르게 말하면 문제 해결의 실마리를 찾는 것과 같다고 할까? 이번 페라리 건은 이 말이 딱 맞아 떨어졌다. 닌텐도에 취직한 이유도 마찬가지였다. 신선하고 재미있는 일을 하고 싶었다. 일반적으로 디자인은 제품의 문제를 해결하는 것이라고 말하지만 나는 반대의 입장이다. 흥미를 끄는 디자인을 만들어 보는 사람의 마음을 움직이고 싶고 지금도 그것을 실천하는 중이다.

사람들이 즐거워할 수 있는 것을 기획하고 마음을 움직이는 것. 이것이 《이기는 디자인》의 정의이다. 디자이너는 물론이고 일반적인 기업인도 마찬가지다. 잘 만들어진 디자인을 사용하면 기획이나 대인 관계 같은 다방면의 일을 더 잘할 수 있다. 나는 그렇게 믿고 있다. 이 책은 전문적인 방법뿐만 아니라 디자인의 힘을 알리고 싶다는 생각에서 시작되었다. 초보 디자이너, 동료가 없는 고독한 디자이너, 창조적인 일에 흥미가 있는 일반인들에게 디자인이라는 무기를 어떻게 다뤄야 하는지 그 방법을 소개하고자 한다. 정석적인 디자이너의 방법론은 아닐지도 모르지만, 나는 즐겁게 디자인하면서 살고 있다. 나만의 방법론이나 생각에도 어떠한 가치가 분명히 있을 것이라고 믿으며 이 글을 썼다. 다음 항목부터는 좋은 디자인을 만들기 위해 필요한 구체적인 방법론, 도구, 사고, 업무 방법을 이야기하겠다.

◆

## 2. 그 기획은 몇 명이 만족할까?

디자인만 잘한다고 좋은 디자이너가 아니다. 기획을 생각하는 마음이 없으면 좋은 디자인도 나오지 않는다. 사람은 누구나 내 일이 되면 생각 이상으로 몰두하게 된다. 이는 다시 말하면 '내 일처럼 생각해야 한다'라는 뜻이다. 디자인하는 것이 로고든 서적이든 패키지든 간에 클라이언트만큼 또는 그 이상으로 자기 일처럼 몰두하고 생각해야 한다. 좋은 디자인은 얼마나 진지하게 '내 일처럼' 임하느냐에 따라 달라진다.

좋은 기획은 무엇일까? 이에 대한 답을 찾게 된 것은 온라인 커뮤니티 마에다 디자인실을 만들었을 때였다. 2020년 《마에본2》라는 잡지는 전작인 《마에본1》과 마찬가지로 커뮤니티 내에서 기획하고 자금을 조달했다. 디자인, 라이팅, 편집, 배송, 홍보까지 모든 것을 진행했다. 잡지의 처음부터 끝까지 전부 기획하는 일이 재미있기는 했지만 그만큼 힘들었다. 잡지의 기획 회의에서 《마에본2》의 편집장이 낸 기획안에 대한 피드백을 나누던 중 좋은 기획의 조건이란 무엇인지 알게 되었다. 그 조건은 모두가 행복해야 한다는 것이었다.

《마에본2》에는 현재 가장 인기 작가인 기시다 나미가 꼭 나왔으면 했다. 마침 나는 그녀의 소속크리에이터 에이전트 회사인 코르크의 대표 사도시마 요헤이와 전부터 아는 사이였다. 예전에 기시다 나미가 만든 웹 미디어인 키나리의 로고 디자인 고문을 내가 담당하기도 했다. 그녀에게 어떤 기획안으로 의뢰할 것인지가 문제였다.

편집장은 기시다 나미와 《마에본》 '초대 편집장의 인터넷 채팅 대담'으로 진행해 보자고 제안했다. 초대 편집장의 본업은 작가였다. 글을 쓰는 사람들 사이의 인연으로 생각해 보면 분명 흥미로운 이야기의 장이 될 것이었다. 인터넷 채팅으로 나누는 대담이라면 취재 과정도 간단해서 상대방도 부담이 적을 거라는 판단이었다. 나는 기획 의도는 이해했지만, 이 제안을 듣고 바로 거절했다. 초대 편집장의 본업을 알고 있는 마에다 교실 멤버들만 재미있을 기획이었다. 기시다 나미의 마음에는 들 수 있을지 몰라도 모든 사람이 만족할 만한 기획은 아니었다. 남에게 무언가 의뢰할 때는 그 일이 양측 모두가 만족할 만한 것인지 반드시 생각해야 한다. 의뢰는 빚을 진 상태와 비슷하다. 가능하면 등가 교환(상호이익)이 제일 이상적이다. 만약 한쪽에서 부탁해야 하는 처지라면 상대방의 만족도도 고려해야 한다.

나는 이 기획 대신에 〈여행 리포트〉를 제안했다. 기시다 나미의 인기 콘텐츠 중에는 〈돌격! 기시다의 글 밥 기행〉이 있었다. 예전의 프로그램인 〈요네스케 씨의 돌격! 이웃의 저녁밥〉을 흉내 낸 것으로 커다란 밥주걱을 들고 사람들을 찾아가는 기획이었다. 예전에 기시다 나미가 밥주걱을 만든 사람을 만나기 위해 히로시마에 갔는데 결국 만나지 못하고 돌아왔다는 이야기를 트위터에 올린 것이 떠올랐다. 한 번 더 히로시마에 가서 밥주걱의 생산지를 방문하는 기회를 준다면 기시다 나미가 기뻐할 것이라고 생각했다. 기시다 나미의 소속 회사인 코르크도 평범한 인터뷰를 하는 것보다 그녀를 상징하는 콘텐츠와 연관 있는 일을 하는 편이 훨씬 좋을 것이다. 마에다 디자인실도 두 번째 잡지를 제작하는 것인 만큼 전작보다 더 업그레이드할 필요가 있었다. 여행 야외촬영이라면 내용도 훨씬 풍성해질 테니 금상

첨화라고 생각했다. 마지막으로 여행 리포트는 취재 기사이므로 기시다 나미가 직접 글을 쓰지 않아도 콘텐츠를 완성할 수 있었다. 그녀의 본업인 글을 쓰는 것과 이어지는 기획은 가능하면 하지 않을 생각이었다. 이 여행 리포트는 기시다 나미의 소속 회사도 아주 만족했다. 기시다 나미는 감사하게도 칼럼까지 써 주었다. 기획을 세울 때는 이렇게 상대방이 참가하는 것 자체만으로도 즐겁다고 생각할 수 있게 만들어야 한다. 물론 나 또한 실패담은 많이 있다.

닌텐도 시절의 이야기이다. 게임 패키지에는 게임의 정보를 쓰는 공간이 따로 마련되어 있다. 하지만 이를 알고 있는 소비자는 많지 않다. 주목도를 올리기 위해 패키지에 뚜껑을 달아 '여기를 열어주세요'라는 메시지를 추가했다. 그러던 어느 날, 나는 매장에서 그 뚜껑 부분이 늘어서 있는 것을 보며 통일성도 없고 엉망진창이라는 느낌을 받았다. 이후 완벽하게 일관성 있는 포맷으로 바꾸었지만, 내가 디자인한 패키지

《마에본2》와 〈기시다 나미와 순례하는 미야지마 여행〉

는 그저 디자인을 위한 디자인에 불과했다는 것을 알게 됐다.

　확실히 전보다는 통일성이 생겼고 질서정연한 모습이 보기에 좋았다. 하지만 이런 장점은 나 같은 디자이너만 느낄 수 있는 것들이었고 막상 게임 유저에게는 중요한 부분이 아니었다. 그들에게는 각 게임의 세계관에 어울리거나 오히려 각 디자인의 독특한 패키지가 훨씬 중요했다. 똑같아 보이는 디자인을 만들었으니 유저들에게는 재미없어 보일 수밖에 없었다. 지루한 디자인의 전형적인 모습이었다. 디자인을 할 때 기획 단계에서 어떻게 하면 많은 사람이 만족할 것인지 기획이나 콘텐츠를 생각하는 습관을 들여야 한다. 분명 당신의 기획안은 많은 사람의 지지를 받아 채택될 것이다. 그 기획안으로 모두가 만족하는 디자인을 만들 수 있다.

# 3. 닌텐도의 독특한 회사 안내 책자!

　나는 2001년에 닌텐도에 입사했다. 그곳에 입사하기 전, 취업준비생이었던 시절의 이야기를 해 보려고 한다. 디자이너로 평생 일하고 싶어 광고 프로덕션이나 디자인 회사에 입사하고 싶었다. 나는 일을 하는 이상 그 분야에서는 최고가 되겠다고 결심했다. 가능하다면 도쿄에 있는 좋은 직장을 다니고 싶었다. 하지만 막상 구직 활동을 시작했을 무렵 문득 이런 생각이 들었다. 졸업 예정자라는 카드를 가지고 구직 활동이 가능한 시기는 인생에서 딱 한 번밖에 없다. 가치 있는 일이라는 생각이 들자 구직 활동 자체를 즐기게 되었다. 나 자신을 다시 되돌아볼 수 있는 계기가 된 것은 물론이다. 나와 함께 대학을 다녔던 디자인 학과 친구들은 한결같이 대기업 광고 대행사로 면접을 보러 다녔다. 나도 그중 한 회사에서 시험을 봤다. 형편없는 답지를 제출했고 덕분에 보기 좋게 첫 심사에서 탈락했다. 당시의 나를 회상하면 청개구리였던 것 같다. 같은 학과 친구들이 시험 보는 똑같은 곳은 싫었다. 광고 대행사는 직접 디자인을 만드는 비율이 디자인 회사보다 적다고 생각했다. 그리고 무엇보다 그만큼 정말 가고 싶은 회사도 아니었다.

어느 날 페리시모FELISSIMO라는 회사를 발견했다. 페리시모는 '하이센스 그림책'이라는 카탈로그를 만들고 있었다. 카탈로그에 있는 제품은 대부분 오리지널이었다. 이곳이라면 아이디어와 디자인, 모든 분야를 경험할 수 있다고 생각하며 이 회사에 지원했다. 약간의 보충 설명을 하자면 지금은 좋은 디자인을 어렵지 않게 발견할 수 있다. 100엔 숍이나 패스트 패션 같은 가격이 합리적인 곳에서도 좋은 디자인을 찾아볼 수 있다. 하지만 취업 활동을 하고 있던 2000년 당시에는 그렇지 않았다. 그 중 페리시모는 다른 곳에 비해 눈에 띄는 회사였다. 기대감을 잔뜩 안고 지원했지만, 최종 면접 직전에 보기 좋게 떨어지고 말았다.

떨어진 이유는 어렴풋이 알고 있었다. 면접에서 페리시모가 앞으로 어떤 부분을 개선하면 좋겠느냐는 질문을 받았다. 나는 근거 없는 단점들을 늘어놓았다. 순간 면접장의 분위기가 바뀐 것이 느껴졌고,

2000년도 닌텐도 회사의 안내 책자

최종 면접에서 떨어진 것은 아주 당연한 결과였다. 정말로 가고 싶던 회사였기 때문에 당시 받은 불합격은 상당한 충격으로 다가왔다. 페리시모에 불합격한 일을 계기로 제조 회사가 디자인하는 회사보다 들어가기 힘들다고 생각하게 되었다. 닌텐도 말고도 대기업 전기회사에도 지원했고, 화장품 회사의 패키지 부서나 신문사에도 지원해 시험을 봤다. 총 13개 회사의 입사 시험과 면접을 보았고 최종적으로 두 곳의 회사에서 합격 통지받았다.

두 회사는 닌텐도와 모 대기업의 신문사였다. 신문사를 동경했던 이유는 급여 등의 복지와 대학교 교수님의 강력한 추천 때문이었다. 그 신문사는 출판 부서도 있을 만큼 전 세계에 지사가 있는 글로벌 회사였다. 신문 말고 다른 분야도 도전할 수 있을 것 같아서 흥미로워 보였다. 닌텐도와 신문사 둘 중 한 곳을 고르는 데 꽤 고민이 많았다. 침대에 누워 천장을 바라보며 다양한 미래를 상상하고 고민했던 그 시절을 지금도 생생하게 기억하고 있다. 고민했다고 말은 했지만,

입사 후 제작했던 회사의 안내 책자 일부

사실 닌텐도 쪽으로 마음이 확실히 기울어 있었다. 나는 원래부터 게임을 좋아해서 닌텐도 게임은 전부 사서 했을 정도였다. 하지만 대학의 교수님이나 주변 사람들은 모두 신문사를 추천했다. 그때는 지금만큼 닌텐도가 대기업이라는 인식이 없을 때였다. 게임 업계도 업무가 힘든 편이라 직원이 자주 바뀐다는 이미지가 일반적이었다. 여러 가지 면에서 안전한 쪽을 권하는 게 당연했다. 마음으로는 이미 결정을 끝냈지만 정작 그 결정에 명분이 없었다. 닌텐도로 가기로 한 결정에 힘을 불어넣어 준 것은 바로 회사의 안내 책자였다. 그해 닌텐도가 만든 회사 안내 책자의 외양은 마치 CD 재킷 같았다.

책자는 투명한 케이스 안에 들어 있었다. 표지에는 '닌텐도 2000'이라고 쓰여 있었고 알루미늄 같은 광택이 있는 종이를 사용했다. 미래적인 분위기가 풍기는 모습을 보고 앞으로 새로운 시대가 열릴 것이라는 생각에 그 표지에 빠져들었다. 안을 열어보니 투명한 필름이 들어 있었다. 게임기 게임보이 어드밴스의 이미지도 있었다. 이것은 회사 안내 책자이면서 동시에 훌륭한 아트북이었다. 아무리 보아도 꽤 많은 비용이 들어간 것 같아 이걸 정말 받아도 되는 건지 고민하던 순간이 지금도 생생하다. 회사 안내 책자에 이만큼이나 공을 들일 수 있다는 것이 놀라웠다. 물건을 만드는 데 뛰어난 기술력과 기개가 느껴졌다. 나는 줄곧 만남이 인생을 만든다고 생각해 왔다. 이런 회사에서 일하는 사람들과 나도 함께 일하고 싶었다. 닌텐도에는 다양한 크리에이터가 많이 있었다. 그 안에서 일하면 나도 성장할 수 있을 거라고 믿었다. 참고로 회사 안내 책자를 만든 사람은 훗날 나의 상사가 되었고, 나는 그분과 함께 닌텐도의 회사 안내 책자를 만드는 일을 하게 되었다.

# 4. 디자인 필살기를 늘리자

나는 클라이언트만 허락한다면 내가 만든 기획안을 인터넷에 적극적으로 공개한다. 내가 하고 있는 활동도 홍보할 수 있고 누군가에게 도움이 될 수도 있기 때문이다. 최근에 주식회사 카피라이터 Copywriter의 카피라이터인 하세가와 테츠지에게 의뢰받은 명함의 프레젠테이션 기획안을 전부 트위터에 공개했다. 이렇게 많은 디자인을 생각했다는 것에 놀랍다는 반응이 이어졌다. 이따금 젊은 디자이너에게 디자인이 많이 떠오르지 않는다는 고민 상담도 들어온다. 그럴 때면 나는 그래도 괜찮다고 말해주고 싶다. 나도 처음부터 이렇게 많은 디자인을 생각하지는 못했기 때문이다. 예전에 '딱 좋다!'라고 했던 디자인이 있었다. 솔직히 말하면 그것밖에 떠오르지 않아서 한 디자인만 고수한 이유도 있었다. 최선을 다해 그것을 다듬고 수정해 제출했지만 결국 탈락하고 말았다. 당시 기분을 다시 떠올리면 지금 생각해도 어지러울 정도이다. 나 또한 실패를 자주 경험했다. 디자이너로 훌륭하게 자리 잡고 싶었지만, 실력이 하나도 늘지 않는 내가 한심하게 느껴지던 때도 있었다. 울고 싶은 날이 셀 수 없을 정도로 많았다. 이 문제를 어떻게 극복할 수 있었을까? 나만의 디자인 아이템 상자 안에 어떻게든 필살기를 늘려 저장했기에 가능했다. 다른 사람의 머릿속에 있는 아이디어들을 꾸준히 응용하며 아이템을 늘려나갔다.

당시의 나는 디자인 책을 잡히는 대로 읽었다. 디자인 능력을 키우고 싶다는 마음과 디자인 업계에 나만의 디자인이 없다는 것, 즉 내가 만든 디자인이 잘 팔리지 않는다는 것에 콤플렉스를 느끼고 있었다. 국내 서적이든 외국 서적이든 상관없이 서점에 있는 디자인 관련 책은 모조리 읽었다. 읽어보니 나에게 딱 맞는 책도 있었고 그렇지 않은 책도 있었다. 이런 이야기를 하면 젊은 디자이너들은 아주 당연하게 추천해 주고 싶은 책이 있느냐고 묻는다. 일단 몇 권 정도는 친절하게 대답해 줄 수 있다. 하지만 내심 그렇게 흥미가 있으면 모두 읽어봐야 하는 것 아닌가 생각한다. 추천받은 책만 읽으며 발전하겠다는 것은 전혀 공감할 수 없기 때문이다.

노력의 의미는 가리지 않고 처음부터 끝까지 도전하는 것을 말한다. 나는 디자인 책을 통해 아이디어나 표현, 전달 방법을 흡수했다. 내 머릿속에 있는 디자인 아이템 상자에 소중하게 넣어두었다. 나는 게으른 성격이라서 스크랩은 따로 하지 않는다. 예전에 시도했던 적은 있었는데 끝까지 한 적이 없다. 대신 머릿속에 있는 나만의 디자인 아이템 상자 안에 소중히 보관한다. 성실한 사람에겐 스크랩하는 것을 추천한다. 대학이나 전문학교에서 강사로 일할 때도 스크랩을 과제로 냈다. 만약 스무 살의 나를 지도할 수 있다면 처음에는 이것만 시킬 것이다. 그렇다면 앞에서 이야기한 디자인 필살기란 도대체 무엇일까? 구체적인 예시를 몇 개 들어보겠다.

## 기획 편

### [예시1]

**필살기**: 노스탤지어 무드

**아이템**: 어린 시절에 자주 사용한 친근감 있는 물건.

**효과**: 동심으로 돌아갈 수 있으며 향수를 느낄 수 있다.

기획 편 예시1 〈노스탤지어 무드nostalgia modes〉의 사례

## [예시2]

**필살기: 도로린파**(수분이 적고 걸쭉하며 찐득거리는 모양)

**아이템:** 어떤 대상에 비유하는 것.

**효과:** 어떤 대상으로 비유하여 보는 사람의 신선한 충격을 노린다.

### • 칼 형태의 명함

인쇄 비용
★ ★ ★ ☆ ☆ ☆ ☆

엄청 크다!

270

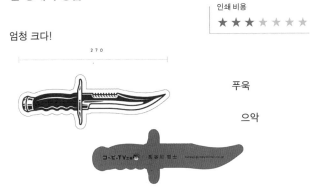

푸욱

으악

### • 쓰레기 형태의 명함

인쇄 비용
★ ★ ★ ☆ ☆ ☆ ☆

쓰레기
쓰레기가 아니다!

기획 편 예시2 〈도로린파〉의 사례

◆

## [예시3]

**필살기:** 커뮤니케이션 크로스

**아이템:** 커뮤니케이션을 통해 디자인을 완성.

**효과:** 커뮤니케이션을 유도한다.

기획 편 예시3 〈커뮤니케이션 크로스〉의 사례

**[예시4]**

**필살기**: 히어로 체인지

**아이템**: 디자인을 캐릭터에 비유.

**효과**: 캐릭터에 비유함으로써 친근감과 흥미를 유발한다.


• **카피 맨**

인쇄 비용
★ ★ ★ ☆ ☆ ☆ ☆

자, 부족하다면 카피<sup>coppy</sup>를
활용해!

높은 생산효율을 봐!

잔뜩 모으면 즐거워!

기획 편 예시4 〈히어로 체인지〉의 사례

# 그래픽 편

[예시1]

**필살기:** 결정판 스탬프

**아이템:** 도장이나 스탬프.

**효과:** 결정판이라는 단어를 사용하여 권위적인 느낌을 주었다.

그래픽 편 사례1 〈결정판 스탬프〉의 사례

## [예시2]

**필살기:** 드라마틱 사건

**아이템:** 흑백 사진에 빨간색 글자를 입힌다.

**효과:** 흑백 사진에 극적인 빨간 글자를 넣어 대비 효과를 준다. 색의 진폭 표현인 명암 대비를 이용하면 진지한 분위기를 잘 전달할 수 있다.

그래픽 편 예시2 〈드라마틱 사건〉의 사례

**[예시3]**

필살기: 피코피코 메모리즈

아이템: 도트 그림.

효과: 도트 그림은 오래된 게임 같은 느낌을 준다. 구성 요소가 적고 장난감처럼 보여 추억을 떠올리게 하는 효과가 있다.

그래픽 편 예시3 〈피코피코 메모리즈〉의 사례

**[예시4]**

필살기: 재팬 골드

아이템: 주황색과 금색.

효과: 일본의 신사神社를 상징하는 색으로 전통적인 느낌과 경건한 이미지를 극대화한다.

그래픽 편 예시4 〈재팬 골드Japan Gol.d〉와 예시5 〈아지와이 돈〉의 사례

**[예시5]**

**필살기:** 아지와이 돈

**아이템:** 아날로그 감성이 담긴 선을 크게 확대한다.

**효과:** 아날로그 느낌의 선을 크게 보여줌으로써 풍부함을 강조한다.


**[예시6]**

**필살기:** 가비가비 아날로그

**아이템:** 조형에 스크래치를 낸다.

**효과:** 입체감이 살아나며 원근감이 생긴다. 오래 사용한 질감이 느껴진다. 많은 정보를 담을 수 있어 볼거리도 늘어난다.

그래픽 편 예시6 〈가비가비 아날로그〉

**[예시7]**

**필살기:** 슬릿 커터

**아이템:** 글자 틈에 색을 넣음.

**효과:** 글자에 모양의 형태로 잘라낸 틈에 색을 바르는 스텐실 기법을 사용한다. 아날로그적인 느낌과 함께 깊이감을 연출하여 그림이나 로고처럼 보일 수 있다.

그래픽 편 예시7 〈슬릿 커터〉의 사례 카와루 페스티벌/ KAWARU FES 2019

필살기: 골드 러시

아이템: 박을 입힌다.

효과: 박을 눌러 인쇄하면 주름을 통해 고급스러움과 생동감을 살
   릴 수 있다.

그래픽 편 예시8 〈골드 러시〉의 사례

디자인 공부를 한다고 생각하면 재미없을 수 있으니 필살기라는 이름을 붙여 게임처럼 만들면 재미있지 않을까 생각했다. 커뮤니티 내의 새로운 프로젝트 '디자인 필살기 카드 게임'은 이렇게 탄생했다. 디자인 필살기 이름을 사용해 카드 게임을 만들어보자. 이렇게 게임의 형태로 디자인 아이템을 하나씩 추가할 수 있는 것이 커뮤니티의 장점이다. 디자이너들은 익숙하지만 디자인 업계에 있지 않은 사람에게는 낯선 단어가 많을 수 있다. '디자인 필살기 카드 게임'은 일반인들에게도 디자인을 알릴 수 있다는 것에서 의미가 있다.

디자인의 실제 예시를 보며 좋다고 느낀 것을 스크랩하거나, 좋은 디자인이라고 생각되는 것이 있다면 머릿속에 스크랩하는 습관을 들이도록 하자. 이렇게 자기만의 디자인 아이템 상자에 차곡차곡 쌓아두는 것이다. 그 디자인의 어떤 점이 좋았고 어떤 효과가 있었는지 떠올리고 직접 작성해 보면 훨씬 도움이 될 것이다. 한 가지 주의할 점은 어떤 디자인을 그대로 옮겨 재사용하는 것은 표절에 해당하므로 조심해야 한다. 그 대신 좋은 디자인의 핵심 요소를 디자인 아이템 상자에 보관하고 어떤 점이 좋았는지를 언어화하여 나만의 필살기를 만들어보자. 하지만 이런 필살기는 사용하지 않으면 아무 의미가 없다. 이렇게 저장하다 보면 늘어나는 수만큼 분명 좋은 디자인을 만들 수 있을 것이다. 오늘부터 디자인 필살기를 차곡차곡 저장해 보자.

◆

## 5. 속도가 생명! 일러스트레이터의
## 시간 단축 포인트

1장의 칼럼 〈평행 세계를 상상하자!〉와 이어지는 이야기이다. 디자이너로 더욱 성장하고 싶다면 다양한 방법을 모두 시도해 보는 것이 좋다. 나는 예전부터 디자인 검증 결과를 모두 정리해왔다. B1 포스터 크기 정도에 인쇄하여 각각에 설명을 덧붙였다. 어떤 영감으로 시작했는지, 어떤 수정작업을 거쳐 완성할 수 있었는지 정리했다. 디자인하는 사고 과정의 전체적인 프로세스를 살펴볼 수 있다. 일러스트레이터의 작업 화면인 아트 보드를 보기도 했다. 다양한 시행착오를 전부 훑어보는 편이 이해가 쉬울 것 같았다. 이 방법은 지금도 하고 있는 것인데, 우리 회사인 NASU의 디자이너도 언젠가 이런 디자인

로고가 탄생하기까지 겪은 모든 시행착오를 종이에 출력

프로세스가 가능하기를 바라고 있다.

이 과정 이후에 중요한 것은 바로 속도이다. 다양한 가능성을 시도하다 보면 시간이 오래 걸린다. 위에 언급한 것처럼 디자인의 사고 과정을 전부 보여줬을 때 특히 클라이언트의 만족도가 높아진다. 클라이언트를 만족시키는 디자인을 만들게 된 것은 30대 이후부터 였다. 닌텐도는 직종과 부서에 상관없이 도움이 되는 조언을 자유롭게 얻을 수 있는 환경이었다. 지금 생각해 보면 말도 안 되게 좋은 환경이었다. 그저 감사할 따름이다. 내 능력을 높일 수 있다면 무엇이든 해보고 싶었기에 사람들에게 얻은 힌트는 모두 시험해 보았다.

신입 시절에는 사람들의 다양한 요구를 반영하느라 내가 무엇을 하고 있는지 헷갈릴 만큼 혼란한 시기를 겪기도 했다. 내 실력이 부족한 것도 이유였겠지만 마감날짜에 쫓겨 애매한 디자인을 만드는 날이 많았다. 그만큼 디자인하는 내가 반드시 극복해야 하는 숙제였다. 작업 속도를 높이기 위해서는 스스로 극복해야 할 부분이 세 가지가 있다는 것을 깨달았다.

### (1) 본질을 놓침

디자인을 하다 보면 헤매거나 손이 멈추는 일이 있을 것이다. 혹시 가지고 있는 정보가 부족하지 않은가? 이 문제는 혼자 머릿속으로만 생각한다고 해서 답이 나오지 않는다. 정보 부족이라는 문제를 해결해야 한다. 상사나 클라이언트와 적극적으로 커뮤니케이션하고 다양하게 물어보자. 이 디자인의 목적은 무엇인지, 이 디자인으로 무엇을 하고 싶은지 본질을 알아야 한다. 당연하다고 생각할지 모르지만, 이것조차 제대로 파악하지 못하고 일하는 사람이 의외로 많다. 상대방에게 미안해서 묻지 못하는 것일 수도 있고 기본적인 질문을 하면 안 된다고 생각해서 일 수도 있다. 디자인은 클라이언트의 문제 해결이 목표이다. 디자인은 디자이너의 것이 아니다. 본인이 가진 정보가 부족하다면 집요하게 물어봐야 한다. 디자이너에게는 정답이 없기 때문이다. 정말로 좋은 디자인을 만들고 싶다면 시간을 들여야 한다.

### (2) 부족한 필살기

디자인 작업을 할 때 손이 멈추는 이유 대부분은 쓸만한 아이디어가 떠오르지 않기 때문이다. 이 경우에는 필살기가 부족한 것이 이유이므로 앞에서 언급한 대로 다른 사람의 머릿속에 있는 아이디어를 빌리는 것도 하나의 방법이다. 필살기를 1,000개 정도 찾아 저장해 보자. 디자인을 짜내는 데 어려움이 없는 미래의 나를 상상하면서 꼭 실천하길 바란다.

### (3) 느린 행동

이 문제에 대한 답은 간단하다. 어도비 일러스트레이터Adobe Illustrator, 포토샵Photoshop의 단축기를 외우거나, 단축기를 변경하는 것도 추천한다. 겨우 해답이 그거냐고 생각할지도 모른다. 티끌 모아 태산이라고 시간을 단축할 수 있다면 주저하지 말고 도전해 보자. 월급이 100만 엔(약 980만 7,500원)이 넘은 우버이츠Uber Eats 판매원의 이야기를 담은 인터넷 기사가 화제였다. 그 역시 다양한 노력을 했겠지만, 한 마디로 얼마나 시간을 절약했는지로 정리할 수 있다. 마치 운동선수처럼 1분 1초를 단축하기 위해 노력한 끝에 일하는 속도가 빨라졌고 성과로 이어졌다는 이야기였다. 디자이너들이 시간을 단축할 방법은 바로 단축키와 툴을 잘 다루는 것이다. 디자이너 중에는 시간 단축에 달인인 사람들이 많이 있다. 여기서 나만의 시간 단축 방법을 간단히 소개해 보겠다.

## 일러스트레이터의 시간 단축 기술 세 가지

### (1) 자주 사용하는 데이터를 일러스트레이터의 '심벌symbols'로 등록

자주 사용하는 데이터를 미리 등록하면 사용하기 편리하다. 닌텐도에 있을 때 나는 광고를 만드는 부서에 있었다. 디자인을 만들 때 날짜와 닌텐도 로고를 넣는 것은 필수였다. 지금이라면 우리 회사인 NASU의 로고나, 마에다 디자인실의 로고 등이 해당할 것이다. 이러한 것을 일러스트레이터의 심벌이라는 기능에 등록하면 순식간에 불러낼 수 있으니 반드시 등록해 두어야 한다. 이는 인터넷의 북마크 기능과 비슷하다고 보면 좋다.

### (2) 자주 사용하는 도형의 장식 효과 '어피어런스appearance' 파일을 준비

일러스트레이터를 이용해 도형에 장식 효과를 주는 것을 '어피어런스'라고 부른다. 이것도 자주 사용하는 것은 미리 다른 파일에 등록해 두고 바로바로 활용할 수 있도록 준비하자. 점선, 그러데이션의 도형, 울퉁불퉁한 모양의 도형 등이다. 내가 디자인할 때 자주 사용하는 '라운드 코너Round Corners 모퉁이 둥글리기'라는

일러스트레이터 심벌 기능 화면

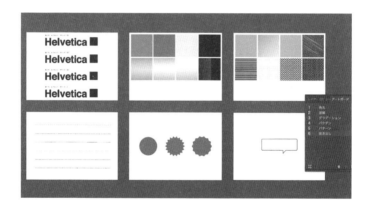

자주 사용하는 도형의 장식 효과의 어피어런스를 등록

    것이 있다. 기존 폰트의 각을 변형해서 매끄럽게 만든 기능이다. 모서리의 둥근 정도도 변형을 주어 몇 가지 패턴을 준비한다. 할 때마다 만들 수 있지만 시간이 꽤 걸리는 작업이라 가장 마음에 드는 든 형태를 전부 등록하여 파일로 저장해 두었다. 이렇게 등록한 파일을 연 상태에서 디자인을 시작하면 언제라도 복사와 붙이기를 통해 쉽게 사용할 수 있다.

일러스트레이터의 액션 기능 화면

언급한 것보다 어피어런스에 대해 자세히 알고 싶다면 쇼쿠닌 코로의 트위터 @coro46를 보면 도움이 될 것이다. 쇼쿠닌 코로는 어피어런스 기능의 달인이다. 이 기능을 사용한 아이디어를 이야기하는데 SNS에서 인기가 좋다.

### (3) 자주 사용하는 동작을 일러스트레이터의 '액션Action'에 등록

이것은 자주 사용하는 동작을 등록하는 것이다. 일러스트레이터의 ai파일을 PDF로 변환하는 것은 자주 사용되는 작업이다. 어떤 해상도로 변환할 것인지 얼마든지 조정이 가능하므로 그 동작을 액션이라는 기능에 등록한다. 이 기능은 다른 소프트 프로그램에서도 찾아볼 수 있다.

엑셀의 매크로 기능과 비슷하다. 나는 이 액션 기능을 자주 활용하는 편이다. 크기도 등록했는데 키보드 F 단축키에 등록하는 것이 편리하다. 디자인 데이터 안에 있는 로고나 도형은 아주 미세한 크기 차이로도 이미지가 완전히 바뀐다. 디자이너들은 최적의 크기를 찾아 몇 퍼센트로 자잘하게 나눈 데이터를 늘어놓고 확인한다. 매번 수동으로 크기를 바꾸면 번거롭기 때문에 데이터를 선택해서 F 단축키를 누르면 임의의 백분율로 한 번에 편리하게 바꿀 수 있다.

이렇게 정리해 보았는데 어떠한가? 만약 내가 처음 디자인을 시작하던 때로 돌아간다면 디자인 책을 읽기보다는 시간을 단축할 수 있는 방법을 먼저 익힐 것이다. 일의 속도가 빠르다는 것은 능숙하다는 의미이기 때문이다. 나는 생각과 동작은 어느 정도 연결된다고 생각한다. 동작이 빨라진 만큼 분명히 생각하는 것도 빨라질 것이다.

# 6. 디자인의 성패를 가르는 폰트 세 가지

초보자의 디자인인지 아니면 프로의 디자인인지 가름할 수 있는 것이 있다면 바로 폰트이다. 디자이너의 경력은 어떤 폰트를 사용하는지 살펴보면 짐작할 수 있다. 디자인에는 대체로 많은 폰트가 사용되기 때문에 결국 폰트를 잘 다루면 프로처럼 보일 수 있다는 뜻이다. 《사람은 분위기가 90%》라는 책의 제목처럼 디자인은 글자가 90퍼센트를 차지한다. 폰트에도 퀄리티가 있다. 디자인 경험이 별로 없는 사람은 폰트마저 별로인 것을 사용한다. 좋은 폰트를 사용하기만 해도 디자인 레벨이 한층 올라간다는 것을 느낄 수 있다. 현재 만들고 있는 디자인이 있다면 이 디자인에는 어떤 폰트를 사용하면 좋을지 고민해 보자.

가장 피해야 할 것은 좋은 폰트가 유료라서 구입을 망설이는 것이다. 무료 폰트 중에도 얼마든지 좋은 품질을 찾을 수 있지만 처음에는 좋고 나쁨을 구분하기가 어렵다. 유료는 유료인 이유가 있다. 폰트 디자이너가 하는 일은 생각보다 더 어렵다. 그만큼 나는 그분들의 일을 존경한다. 유료 폰트를 사용해 보고 맞지 않으면 이후에는 구입하지 않으면 된다. 이것도 미래를 위한 일이라고 생각하면 좋을 것이다. 이 폰트를 사용해서 디자인의 완성도가 높아진다면 유료 폰트도 스스럼없이 사용할 수 있어야 한다.

클라이언트가 의뢰한 일이라면 디자인의 퀄리티를 이유로 유료 폰트가 필요하다고 설득하거나, 디자인료를 책정하는 등 여러 가지 방법이 있다. 이것을 요리라고 생각해 보자. 일류 요리사라면 어떤 조건에서도 맛있는 음식을 만들어내지 않는가? 여기에 식재료까지 좋다면 훨씬 맛있는 음식이 만들어질 것이다. 디자인도 마찬가지이다. 나는 디자이너들에게 좋은 폰트를 사용하자고 조언한다. 그렇다면 구체적으로 좋은 좋은 폰트가 무엇인지 이야기해 보자.

### (1) 조형이 아름다운가?

디자이너들은 익숙하겠지만, 나는 모리사와MORISAWA 폰트를 사용한다. 위에도 언급했지만 우선 유료 폰트는 퀄리티가 높다. 구체적으로 이야기하면 레이아웃을 짰을 때 모양이 좋고 가독성은 물론 형태의 균형이 좋다. 웬만큼 아름다운 조형을 유지하기 위해 세부 조정에 시간을 얼마나 들였는지가 좋은 폰트인지를 가르는 핵심이 된다. 물론 무료 폰트 중에도 좋은 것들은 많지만 퀄리티가 천차만별이기 때문에 고르는 것이 쉽지 않다. 이 중에 도움이 될 만한 추천 폰트를 소개할 예정이다. 단 한 가지 중요한 것은 폰트를 사용하면서 왜 이 폰트가 좋은지, 목적에 맞게 쓰고 있는지 분명하게 생각해야 한다. 그런 의미에서 내가 추천하는 폰트에 좋은 이유도 함께 써 보았다. 이렇게 생각하는 습관을 꼭 만들기를 바란다.

## (2) 세계관에 맞는가?

디자인의 세계관에 맞는 폰트를 골랐는지도 중요한 문제이다. 폰트는 크게 명조체와 고딕체로 나눌 수 있다. 섬세한 디자인이라면 가는 명조체가 좋고, 팝적이고 밝은 느낌이라면 고딕체가 좋다. 글자를 소리를 내서 읽어봤을 때의 느낌도 함께 생각하며 작업한다. 말이 빠른 느낌인지, 속삭이는 느낌인지, 자신감 있는 말투인지 고민해 보는 것이다. 초보 디자이너일수록 표준 폰트가 주는 임팩트가 약하다고 생각해서 독특한 느낌의 폰트를 사용하려고 한다. 이때 일러스트나 사진이 폰트의 세계관과 맞지 않는 경우가 발생한다. 글자를 고를 때는 세계관에 맞는지를 먼저 고민하는 것이 중요하다.

## (3) 사용 방법이 맞는가?

폰트는 글자로써 가독성이 좋은 것과 로고로 사용했을 때 조형미가 있는 것 두 가지로 나눌 수 있다. 두 폰트는 서로 하는 역할이 다르기에 구분해서 사용해야 하는데, 타이틀에 사용하는 폰트를 본문에 사용하면 가독성이 떨어지게 된다. 본문용 폰트를 타이틀에 사용하면 주목도가 떨어지는 느낌을 주는 것도 이와 같은 이유 때문이다.

## (4) 크기는 적당한가?

이어서 중요한 것은 폰트의 크기이다. 정보에는 중요도를 나누는 우선순위가 있다. 폰트를 잘못 활용한 디자인들은 대부분이 크기를 너무 크게 사용한 것들이다. 우리가 길거리에서 흔히 받는 전단 광고에도 나름의 배치 순서가 있다. 처음부터 끝까지 읽을 수 있도록 시선을 설계해야 한다.

## (5) 자간은 적당한가?

폰트의 자간도 매우 중요하다. 자간은 문자와 문자 사이의 공간을 말한다. 보충 설명을 하자면 이 세상에 있는 모든 디자인은 컴퓨터로 입력한 문자의 자간을 조정한 것이다. 0.1㎜ 단위 이상으로 섬세하게 다룬다. 자간을 잘 조정하면 시각적으로 보기 편한 좋은 디자인이 된다. 디자인 사무소에 입사하면 우선 자간에 대해 교육받는다. 타이포그래피typography(인쇄의 문자 배열)를 익히는 것인데, 한번 배우기 시작하면 끝이 없어서 우주를 배우는 것처럼 느껴지기도 할 것이다. 그만큼 어려운 일이다. "약은 약장수에게"라는 말이 있는 것처럼 자신이 만든 로고 타입을 폰트 디자이너에게 보여주는 디자이너도 꽤 많다.

## (6) 행간은 적절한가?

마지막으로 행간도 중요하다. 행간이 너무 좁으면 읽을 수 없고, 너무 비어 있으면 가독성이 떨어진다. 행간에도 베스트 포인트가 있다. 읽기 편하고, 아름답게 보이는 나만의 최적의 해답을 찾고 그것을 신경 써서 만들면 점점 더 좋은 디자인으로 완성된다. 이렇게 총 여섯 가지 포인트를 다루는 능력에 따라 프로와 초보 디자이너의 차이가 확연해진다. 질리지 않고 언제 보아도 기분이 좋고, 인상적인 글자를 만들도록 노력해 보자. 그래픽 디자이너는 유쾌한 시각 정보에 빠진 시각 중독자와 같다. 여기서부터는 강력하게 추천하는 폰트 세 가지와 그 이유를 소개하겠다.

## 승부를 가르는 폰트 세 가지

### (1) 아브니르 넥스트 Avenir Next

이것은 디자이너에게는 아주 익숙한 폰트이다. 나 역시 이 폰트를 좋아해서 자주 사용하고 있다. 아브니르 넥스트는 가독성을 중시한 폰트이다.

헬베티카 Helvetica, 푸트라 Futura, 아브니르 넥스트는 기본 중의 기본인 폰트이다. 이 세 폰트를 비교하면 헬베티카는 평범한 표준 폰트이고, 푸트라는 발랄하고 귀여운 인상을 준다. 반면 아브니르 넥스트는 그 중간 정도에 있는 느낌이다(지극히 나의 주관이다). 예시가 적절한지는 모르겠지만 헬베티카는 무가당 플레인 요거트처럼 기본 스타일이다. 푸트라는 잼이 들어간 요거트로 적절한 단

# NASU Co., Ltd.

Avenir Next / Medium

# NASU Co., Ltd.

Futura / Medium

# NASU Co., Ltd.

Helvetica / Regular

**아브니르 넥스트와 그 외에 기본 폰트를 비교한 것**

맛이 있다. 아브니르 넥스트는 플레인 요거트에 당을 첨가해 단맛
이 살짝 느껴지는 느낌이라고 설명할 수 있겠다.

### (2) 레로스Reross

레로스는 어도비 안에 있는 폰트로 일러스트레이터를 사용하
면 누구나 이용할 수 있다. 이 폰트는 발랄하고 둥근 형태가 특징

이다. 앞에서 소개한 푸트라보다 좀 더 둥글고 더 경쾌한 느낌을
준다. 나는 플라스틱처럼 가벼운 느낌이 나거나 팝적인 세계관을
좋아하는데, 이런 느낌을 '토이틱TOYTIC 하다'라고 부른다. 장
난감 같고 귀여운 이미지를 좋아하는데 독일의 장난감 플레이 모
빌이나 덴마크의 레고LEGO 블록은 내가 가장 좋아하는 세계관

# NASU Co., Ltd.

Reross / Quadratic

팝적인 폰트 레로스

레로스 폰트를 사용한 사례

중 하나이다. 이 발랄한 세계관을 표현할 때 가장 적합한 폰트가 바로 레로스다. 내가 디자인한 것 중에서 경영을 배우는 보드게임 마케팅 타운Marketing Town의 주식회사 NEXERA의 폰트도 레로스를 사용했다.

### (3) 베바스Bebas

지금 소개하는 것에는 들어가 있지 않지만, 스탠더드 폰트 중에 딘DIN이라는 것이 있다. 헬베티카와 비교하면 세로로 길고 직선 이미지를 가진 폰트이다. 베바스를 딘과 비교하면 세로로 길어 헬베

# NASU CO., LTD.

BEBAS / REGULAR

지극히 스탠다드한 베바스

베바스 폰트를 사용한 사례

티카와 딘을 합친 느낌이다. 좀 전에 아브니르 넥스트를 플레인 요거트에 당을 첨가해 단맛이 희미하게 감도는 느낌이라고 표현했는데 베바스도 마찬가지이다. 아브니르 넥스트는 가로로 긴 폰트이지만 베바스는 세로로 길다. 퍼지는 방향은 다르지만 스탠다드 폰트이면서 단맛이 살짝 가미된 요거트 같은 느낌을 준다.

내가 디자인한 것 중에는 주식회사 코르크에서 2019년에 만든 레이블인 '코르크 인디즈CORK INDIES(현재는 코르크 스튜디오 Cork Studio)'의 로고 디자인에 베바스를 사용했다. 로고를 만들 때 특히 신경 쓴 것은 코르크 인디즈의 의미였다. 코르크 인디즈에서 '인디즈'는 어리다는 뜻을 가지고 있지만 꼭 젊은이들만 들어갈 수 있다는 의미는 아니다. 낡음도 새로움도 느껴지지 않는 평범한 베바스를 사용했다.

# 7. 디자인에 글자가 다는 아니다

앞서 '디자인은 글자가 90퍼센트'라고 말했기 때문에 모순이라고 항의하는 사람이 있을지도 모르겠다. 하지만 이 말은 사실이다. 신입 디자이너라면 우선 폰트를 먼저 공략할 것을 추천한다. 폰트, 디자인 필살기, 시간 단축 등 세 가지 기술은 신입 디자이너에게 꼭 필요한 무기와 같다. 디자인은 글자가 90퍼센트라는 표현은 틀린 말이 아니다. 디자이너로 일을 시작한 지 3년~5년이 지나 어느 정도 폰트를 잘 다루게 되면 글자를 포함한 레이아웃을 능숙하게 조합할 수 있게 된다. 하지만 이것이 최종 목표는 아니다. 그보다는 다음 단계를 향해 한 걸음 더 나아가야 한다.

이럴 때 조언해 주고 싶은 것은 디자인은 글자가 90퍼센트가 아니라는 것이다. 디자인에서 레이아웃이 무엇인지 간단하게 설명하면 글자의 배치, 크기, 사진이나 일러스트의 배치 같은 정보 정리다. 레이아웃은 아름다움을 효과적으로 전달하는 데 중요한 역할을 한다. 그래픽 디자인의 형태를 잘 만들어 두면 여러 작업과 연동되며, 선배 디자이너나 디렉터의 신뢰를 얻을 수 있다. 이것만 완벽하게 잘해도 앞으로 디자이너로 먹고사는 데 큰 문제가 없을 것이다. 그러다 보면 이 작업만 계속해도 정말 괜찮은 걸까 싶은 생각이 든다. 물론 레이아웃만 하는 사람이 틀렸다는 의미는 아니다. 하지만 전체적인 디자인을 생각하면 레이아웃이 중요한 것은 당연하다. 수많은 요소 중 하나에 불과하기 때문이다. 여기에 너무 사로잡히면 본질을 잃을 위험이 있으니 주의하자. 레이아웃에만 너무 집중하는 것이 좋지 않은 이유는 두 가지가 있다.

첫 번째는 레이아웃만 정리한 디자인을 만들면 목적에서 벗어날 위험이 있다. 왜 만들고 있는지는 잊은 채 흉내만 내는 디자인이 될 수 있다. 디자인은 안건에 따라 아름답고 훌륭한 레이아웃이 필요 없을 때도 있다. 레이아웃만 다듬어 디자인을 완성할 수는 있지만 근본적인 문제는 해결되지 않는다. 디자인에는 안건에 따라 디자인이 달라지는 일종의 방식이 있다. 레이아웃만 다듬은 디자인은 마치 기계로 찍어낸 것 같은 느낌을 준다. 진찰을 받기 위해 온 환자 중에 열이 나는 사람 모두에게 해열제를 처방한 것과 같다. 약을 먹고 열이 내려갔으니 어느 정도는 해결된 것은 맞다. 그렇다고 병을 근본적으로 치료한 것은 아니므로 결국 낫지 않는다. 마찬가지로 레이아웃만 다듬은 디자인은 문제를 근본적으로 해결하지 못한다.

두 번째는 레이아웃 세계에만 갇혀서 다른 디자인의 재미를 잃어버릴 수 있다. 디자인을 처음 시작할 때는 글자를 포함한 레이아웃 만들기를 연습해야 한다. 시간이 지나 어느 정도 레이아웃을 잘 할 수 있게 되면 자신감이 붙기 시작하는데, 그 자체는 좋은 현상이다. 하지만 레이아웃에 필요 이상으로 집착하게 되면 세부 수정만 매달리는 꼴이 될 수도 있다. 요리에 비유하자면 레이아웃만 고집하는 디자이너는 재료나 레시피는 다 준비했지만, 정작 요리는 하지 않는 요리사와 비슷하다. 조리 기술은 훌륭하지만, 산지로 직접 찾아가 최고의 식재료를 구해올 생각은 하지 않는다. 똑같은 식재료로 다른 레시피를 고안하지도 않는다. 이 상태에 가깝다고 보면 된다.

지금까지 이야기한 예시는 나 또한 모두 겪어온 것들이다. 대학 동기 중 졸업 후에 하쿠호도에 들어가 많은 상을 휩쓴 호소카와 츠요시라는 디자이너가 있었다. 그는 대학교 시절부터 성실하고 꼼꼼했으며, 언제나 수준 높은 과제를 제출했다. 항상 남들보다 앞선 사람이어서 내가 가장 자극을 많이 받았던 지인이다. 그에게 대학 시절의 나는 내가 할 수 있는 범위 내에서만 하려는 경향이 있었다는 말을 들었다. 허를 찔린 느낌이라 이 이야기를 듣고 엄청난 충격을 받았다. 생각해 보니 그 말이 맞았다. 그 이후로는 의식적으로 단정하지 않고 발상을 전환하려고 노력했다. 글자와 레이아웃을 연습하자 기획 의도

◆

에 맞는 디자인을 만들 수 있게 되었다. 이러한 방식으로 연습해 볼 것을 추천한다.

# 8. 데생이 크리에이터를 만든다

내 인생에서 가장 괴로웠던 때는 미대 입시를 준비하던 시기였다. 세대에 따라 다르겠지만, 내가 수험생이었을 무렵에는 미대 입시 경쟁률이 20배를 넘는 건 흔한 일이었다. '들어가기'에서 이야기한 것처럼 나는 재수를 했다. 재수를 하던 시절에는 미술 입시 학원에 다니는 학생은 모두 적이라고 생각했기에 그들과 친하게 지내지 않으려고 노력했다. 그만큼 간절했기 때문이다. 고등학교 3학년 여름 무렵 체육대학교 입학을 포기하고 데생을 배우기 시작했다. 어머니는 내가 궁도로 대학에 들어갈 수 있다고 안심하고 있었기 때문에 미술을 시작하는 것을 반대했다. 미술 학원의 팸플릿을 보시고는 네가 이렇게 그림을 잘 그릴 수 있겠냐고 말씀하시기도 했다. 이 말을 듣고 화가 났지만 그만큼 그리기 위해 학교에 가고 싶은 거라고 설득해서 겨우 허락받을 수 있었다. 색채 구성은 좀처럼 늘지 않았지만 열심히 노력한 끝에 무사히 오사카 예술 대학에 합격했다.

2001년에 닌텐도에 입사한 후 디자이너로 19년간 일했다. 지금 생각해 보면 창작 업무 현장에서 데생 연습의 효과를 많이 활용할 수 있었다. 데생은 솔직히 괴로운 작업이며 무엇보다 귀찮다. 데생을 해 본 적이 있는 사람이라면 분명 열이면 열 다 이렇게 이야기할 것이다. 그만큼 단언할 수 있다. 데생은 창조적인 일을 하는 데 있어 중요한 힘을 몸에 익힐 수 있는 훌륭한 작업이라는 것은 분명하다. 영상 작가인 후지이 료는 데생은 크리에이티브의 근력 트레이닝이라고 말했다. 창작자로 먹고살겠다고 마음먹었다면 데생을 죽도록 해 봤다고 말할 수 있을 만큼 연습해야 한다. 멀리 돌아가는 것 같지만 이 방법이 크리에이터의 근력을 단련할 수 있는 가장 확실한 방법이다. 이번 항목에서는 데생이 주는 효과를 정리했다. 이는 크리에이터가 아닌 기업인도 응용할 수 있는 방법이다.

### (1) 사용 능력

무슨 일이든 다 그렇지만 어떤 것을 만들려면 도구가 필요하다. 데생의 도구는 연필이다. 연필을 최대한 능숙하게 사용할 수 있다면 데생은 비약적으로 발전하게 된다. 연필 사용법을 아느냐 모르느냐에 따라 차이가 커진다. 잘 알고 있다고 머리로만 생각할 것이 아니라, 감각적으로 사용할 수 있을 때까지 몸으로 익혀야 한다. 생각하지 않아도 할 수 있는 경지까지 노력하는 것이 중요하다. 맨 처음에는 선을 긋는 정도밖에 못하겠지만 2B로 이만큼 그리면 농도가 이렇다는 것과 이정도 그러데이션을 만들 수 있

다는 걸 아는 감각을 알아차리는 때가 온다. 재수 시절에는 데생을 그리는 것 이외에도 직선과 타원 그리기도 열심히 연습했다. 데생을 연습하던 시기에 불투명 수채화의 수채 구성도 함께 공부했다. 이 두 개를 잘 그리는 비결은 색을 얼마나 잘 알고 있느냐에 따라 달라진다. 연필 사용법, 색을 만드는 법과 같이 물감을 사용해서 사용법을 익히고 만들면 눈을 뜨게 된다. 계속 하다 보면 어느샌가 무의식적으로 자연스럽게 사용할 수 있게 되는 것이다. 앞에서도 언급했지만 디자이너로서 어도비 계열 폰트도 완벽하게 다룰 수 있다. 크리에이터가 아니라면 워드<sup>word</sup> 계열 폰트를 사용하는 것처럼 도구를 사용하는 방법을 배워야 한다.

## (2) 발견 능력

데생은 관찰력을 높이는 데도 효과적이다. 좋은 크리에이티브는 객관적인 시점의 유무에 따라 달라지기도 한다. 디자인의 이질감을 발견하는 것은 퀄리티 센스<sup>quality sense</sup>라고 한다. 제품의 완성도는 보는 사람의 평가에 따라 달라지므로 얼마만큼 객관적으로 볼 수 있는지가 중요하다. 항상 주관적인 시점과 타인의 시점이 되어 바라보는 동시에 보는 눈이 있어야 한다. 객관적이란 의미는 자신이 만든 것을 메타 인지<sup>Meta Cognition</sup>(자신의 인지 과정에 대해 한 차원 높은 시각에서 관찰·발견·통제하는 정신 작용)하는 것이다. 자신이 작업한 데생을 보고 이질감을 느끼는 방법은 그리고 있는 대상에서 잠시 떨어져 살펴보는

것이다. 거꾸로 보거나 좀 더 정교하게 그려보기도 한다. 관찰하는 세세한 부분까지 살펴보면서 전체적인 분위기에 집중해야 한다. 이렇게 하면 매크로 렌즈macro lens(접사를 촬영하기 위해 설계된 렌즈)와 망원 렌즈처럼 주관적인 시점과 객관적인 시점의 두 가지 측면을 가진 고성능 줌 렌즈의 눈을 가질 수 있다. 가능한 다면적이고 해상도가 높을수록 좋다. 객관적인 시점을 강화하고 싶다면 다른 사람에게 솔직한 감상을 들어보는 것도 추천한다. 아트 디렉터 다쿠야 오누키도 벽에 포스터를 붙여 두고 다양한 사람의 반응이나 감상을 들었다고 한다. 자의식 과잉이거나 자신이 만든 것을 너무 사랑한다면 객관적으로 바라보기 어렵다. 비판받으면 자기 자신이 부정당하는 기분이 들기 때문이다. 만드는 것에 어느 정도의 집착이나 사랑은 필요하지만, 객관적 시점과 냉정함을 잃지 않아야 한다. 좋은 크리에이터는 항상 정열과 냉정함을 함께 가지고 있다.

### (3) 회복 능력

데생은 죽을 만큼 귀찮고 어렵다. 초반에는 아무리 그려도 완성되는 느낌이 들지 않기 때문이다. 마치 끝이 보이지 않는 사막을 걷고 있는 듯한 기분일 것이다. 데생은 지우는 행위를 통해 완성도가 높아지는데, 잘못 그렸다면 지우고 다시 그릴 수 있다. 지우는 행위는 출발 지점으로 돌아간다는 의미로 이 과정을 극복하지 못한다면 완성도는 절

대로 높아지지 않는다. 잘못된 부분을 남긴 채 완성하는 것은 효과적이지 않다. 처음 시작을 잘못 잡았거나 형태를 잘못 잡았다면 그걸 발견했을 때 바로 지우고 수정해야 한다. 목표에 도달하려면 이 길밖에 없다. 데생은 자기 자신의 결점을 계속 발견하고 채우는 과정이다.

내가 데생을 한창 연습하던 무렵, 아틀리에의 선생님께서 지우는 것을 두려워하면 잘 그릴 수 없다는 이야기를 자주 해주셨다. 이 말은 크리에이티브와 관련된 모든 업무와 통하는 이야기이다. 그림에 너무 많은 애착을 담으면 지우는 것이 어려워진다. 그럴수록 객관적인 시점으로 잘못된 부분을 받아들여야 한다. 이 과정은 디자인으로 먹고사는 사람이라면 반드시 겪는 일이다. 나는 수정 작업에 익숙한 편이고, 자신감도 가지고 있다. 이는 닌텐도 시절에 얻은 경험 덕분도 있지만, 근원을 따져보면 데생 연습을 통해 생긴 마인드이다. 수정 사항을 받아들일 수 있는 건강한 자세를 키울 수 있던 것은 이 데생 연습 덕분이었다. 지난 실수를 단호하게 잊는 방법을 익힐 수 있다.

## (4) 추진력

기초 과정에서 기른 근육은 업무에서 응용할 수 있다. 내 경우에는 데생으로 이 능력을 익힐 수 있었다. 다른 분야에서도 전문적인 기술을 비약적으로 키우는 데 필요한 기초적인 수행 과정이 있을 것이다. 기초 과정에서 얻은 경험이나 노하우를 실전에서 응용하게 될 때는 든든함을 느낄 수 있다. 닌텐도 재직 시절에 나는 디자인과 동시에 기획 업무를 담당하고 있었다. 이를 토대로 단언

할 수 있는데 기획을 진행하는 방법과 데생하는 것은 비슷한 점이 많다. 특히 강약 조절 방법이 닮았다. 우선 데생은 그림자와 접지면에 집중하여 그린다. 이 부분만 잘 조절한다면 크게 수정하거나, 잘못 그리는 일은 생기지 않는다. 거의 다 그렸는데 전부 지워야 한다면 눈물이 날 정도로 괴로울 것이다. 그런 일을 막으려면 접지면이나, 크기, 예상도 등에서 강약 조절을 꼼꼼하게 따져야 한다.

기획이 마음대로 잘 풀리지 않는다면 중요한 콘셉트나 사람을 놓치고 있는 것은 아닌지 돌아봐야 한다. 중요한 콘셉트는 기획 의도를 말한다. 어떤 것을 목적으로 하는지, 어떻게 진행하고 있는지가 일치하지 않으면 어떤 방법을 써도 나아지지 않을 것이다. 또한 기획 단계에서 함께 일하는 사람을 잊지 말아야 한다. 이 업무에 결정권이 있는 사람과 자주 의논하는 것도 중요하다. 회사와 온라인 커뮤니티도 마찬가지이다. 그 커뮤니티의 중심 인물은 물론이고 주변 인물과도 원활하게 소통이 되어야 한다.

자신이 하는 일이 그 조직에 어떻게 도움이 되고 있는지 제대로 설명할 수 있어야 한다. 일과 관련된 모든 사람을 만족시킬 수 있도록 설득해야 한다. 당연한 말이지만 독단적으로 진행한다면 그 기획은 완성하기 어렵다. 나 같은 경우는 말주변이 없어서 설명을 디자인으로 대신한다. 그림이 특기라면 A4 용지에 그린 기획서를 한 장 보여주는 것도 좋다. 말을 잘하는 사람은 10분 정도 설명 시간을 가지면 좋을 것

이다. 제대로 설명했다면 함께 일하는 사람들은 기획 의도를 이해하고 응원해 줄 것이다. 모든 사람이 내 편일 수는 없으며, 어쩌면 수정 지시를 받을 수도 있다. 하지만 미리 철저하게 준비했다면 처음부터 수정하는 일은 생기지 않을 것이다. 그리고 어떤 문제가 생기더라도 사람들에게 도움을 받을 수 있다.

## (5) 집중력

몇 번이나 이야기했지만, 데생은 정말 어렵고 지겨운 작업이다. 사막 위를 계속 걷고 있는 기분이 들지도 모른다. 데생하는 시간은 한정되어 있어서 완성하기까지 상당한 집중력을 발휘해야 하고, 시간도 신경 쓰며 조절해야 한다. 아마도 그림을 완성했을 때는 기력이 다 빠져서 녹초가 되어 있을 것이다. 집중하는 시간이나 깊이는 사람마다 차이가 있지만 어쨌든 시간 조절과 집중력이 중요한 작업이다. 데생할 때만큼 집중력을 갖고 일한다면 언제나 최고의 결과물이 나올 수 있다고 생각한 적 있었다. 그때와 같은 상황을 만들고자 타임 타이머TIME TIMER를 사용했다. 내가 미리 설정한 시간이 줄어드는 것을 보여주는데 이걸 활용해 집중하는 습관을 가질 수 있었다.

이렇게 내 경험에서 고찰한 데생의 모든 효과를 설명했다. 조금 과장해서 설명한 탓에 데생은 그저 힘든 작업이라고 생각할지도 모르겠다. 그렇지만 그 이상으로 성취감도 있고 재미도 있다. 지금까지 내 인생을 돌아보

면 가장 즐거웠던 때는 두말할 것도 없이 열심히 데생을 연습했던 재수생 시절이었다. 가장 괴로웠던 시기와 가장 즐거웠던 시기가 한끗 차이지만, 그렇기에 여러분에게 더욱 추천할 수 있다. 나 또한 데생의 가치를 다시 생각해 볼 수 있었다. 내친김에 얼마 전 오랜만에 다시 데생을 시작했더니 실력이 많이 줄어 실망했다. 나에게도 다시 한번 크리에이티브 근력 트레이닝이 필요한 시점인 듯하다. 여러분에게도 한번 시작해 보길 권한다.

집중력 향상을 위해 추천하는 타임 타이머

수험생 시절에 그렸던 데생의 일부

◆

# 9. 좋은 파트너를 사귀자: 종이와 인쇄 이야기

　　디자이너는 인쇄 회사나 종이 회사 같은 협력 업체와 진지한 관계를 맺어야 한다. 나는 이런 협력 업체들과 교류하면서 디자인의 새로운 재미를 깨달았다. 인쇄와 종이의 매력을 알면 알수록 디자인 실력이 좋아졌기 때문이다. 인쇄물이 되는 디자인은 여러 선택지를 검토해야 하므로 인쇄 회사나 종이 회사와 소통하며 성장했다고 해도 과언이 아니다. 이때 맺은 인연은 지금도 소중하게 이어나가고 있다. 최근에 3㎜ 정도의 두께로 된 약간은 독특한 명함을 인쇄하기 위해 도쿄의 인쇄 회사를 직접 방문했다.

　　좋은 협력 업체는 어떤 곳일까? 이는 좋은 디자이너란 어떤 디자이너인지 정의하는 것과 같다. 잘 만들고자 하는 의지와 완성도를 높이기 위한 마인드가 반드시 있어야 한다. 디자인하는 사람이라면 실력 있는 인쇄 회사와 종이 회사를 찾아야 한다. 어쩌면 '좋음'의 기준이 회사 자체일 수도 있고 담당자일 수도 있다. 어쨌든 좋은 디자인을 만들기 위해서 인쇄 가공 기술이나 종이의 종류까지도 자세히 알고 있는 것이 좋은데 이는 한계가 있는 것이 사실이다. 완성도를 높이기 위해 제안하며 함께 만들어갈 수 있는 파트너가 필요하다. 각 회사의 업무 방식에 따라 다르겠지만 디자이너가 인쇄 담당자에게 모든 것을 일임하는 방식은 추천하지 않는다. 모든 면에서 나아지고 싶다면 디자이너는 디자인뿐만이 아니라 인쇄 회사, 종이 회사와 반드시 커뮤니케이션을 해야 한다. 내가 진행했던 프로젝트 중에서 종이나 인쇄를 꼼꼼하게 살펴봤던 사례 일부를 소개하겠다.

◆

두께 3mm의 명함

### (1) NASU본NASU本 마에다 타카시의 디자인

2019년에 나는 명함 대신 《NASU본 마에다 타카시의 디자인》 이라는 책을 만들었다. 이 책은 크라우드 펀딩으로 자금을 조달받아 자비 출판 형식으로 출간되었다. 기획부터 편집, 디자인, 라이팅, 판매 등 전반적인 제작 유통을 커뮤니티 내에서 해결했다. 이 책의 특징은 독특한 형태에 있는데, 우리 회사 이름인 나스NASU는 '하면 된다(나스成す)'에서 따온 것이다. NASU의 로고에는 말장난도 들어가 있다. 일본어로 같은 발음인 가지(일본어로 가지는 나스라고 발음함) 모양의 로고로 되어 있다. 책의 모양도 이 이름을 따라서 가지의 외관을 갖추고 있다. 회사명의 연장선으로 가지 모양의 책을 만들면서 사람들의 흥미를 끌 수 있게 노린 것이었다.

《NASU본 마에다 타카시의 디자인》은 300만엔 이상의 지원을 받았고 인쇄한 500권은 거의 다 팔렸다. 디자인을 좋아하는 감각 있는 사람이 많이 찾아오는 아오야마 북 센터 본점의 야마

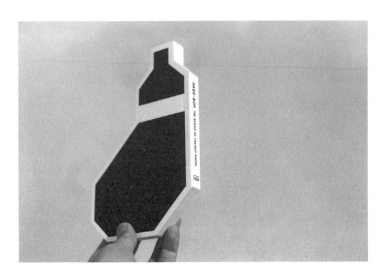

《NASU본 마에다 타카시의 디자인》특수 가공을 사용해 가지 모양을 실현

시타 점장도 좋아했다. 그의 추천으로 내 책은 겉표지가 독특한 책 모음집인 《책 디자인 365》에 게재되었다. 전통 있는 세계적인 디자인 잡지 《아이디어IDEA》나 《교도통신》과도 취재 인터뷰를 진행했다. 이 책의 완성도를 높이기 위해 도움을 준 사람은 일본 사진 인쇄 커뮤니케이션 주식회사 NISSHA의 아사노였다.

NISSHA는 때마침 NDPNissha Digital Printing라고 하는, 부수가 적어도 오프셋 인쇄 이상의 퍼포먼스가 가능한 인쇄 기술을 만들었고 이를 홍보하기 위해 준비하던 상황이었다. 《NASU본 마에다 타카시의 디자인》은 커뮤니티 출판으로 널리 유통되는 책은 아니어서 이 기술이 딱 맞아 떨어졌고 NDP를 사용해 인쇄할 수 있었다. 조금 전문적인 이야기이지만 일반적으로 디자인 데이터를 인쇄할 때는 CMYK라는 방법으로 인쇄 데이터를 작성한다. CMYK는 시안cyan, 마젠타magenta, 옐로yellow, 블랙black을 말하는

데, 이 네 가지 잉크 성분을 사용한 표현 방법을 말한다.

이와 비교해 RGB라는 표현 방법이 있다. RGB는 레드red, 그린green, 블루blue의 첫 글자를 딴 것으로 빛의 삼원색을 섞어서 폭넓은 색을 표현하는 방법이다. 주로 디스플레이, 디지털카메라 등에서 화상 재현을 할 때 사용한다. 이 NISSHA의 NDP라는 인쇄 기술은 CMYK가 아니라, RGB로 인쇄 데이터를 만들 수 있다. RGB에 가까운 색 공간color space을 재현한다는 것이 얼마나 획기적인 것인지 디자인을 하는 사람이라면 잘 알 것이다.

책 표지의 가지 모양은 따내기die cutting라는 금형을 사용하여 형태를 뽑아내는 가공 방법을 사용했는데 이 또한 NISSHA의 아사노가 제안했다. 처음에 만들어진 샘플 책의 모서리 부분은 깔끔하게 다듬어지지 않았고 매끄럽지 않았다. 이렇게 시행착오를 여러 번 겪은 뒤 다음 표지는 한 장씩 톰슨 가공이라는 다른 방법으로 형태를 잘라 나갔다. 이후에 작업자가 손으로 하나하나 내용물과 붙여서 원하는 모습을 완성할 수 있었다. 이런 식으로 작업한 덕분에 제품의 완성도가 훨씬 올라갔다.

《NASU본 마에다 타카시의 디자인》은 종이 하나에도 심혈을 기울였다. 표지는 Croco GA 종이를 선택했다. Croco GA(크로코는 크로커다일의 약어이다)는 이름에서 예상할 수 있듯이 악어가죽 같은 질감 있는 종이를 말한다. 《NASU본 마에다 타카시의 디자인》은 책을 하나의 제품으로 인식했기에 철저하게 문자를 배제시켰다. 일반적인 서적에 필수로 들어가는 타이틀 글자와 띠지 글자는 물론이고 가격이나 유통을 위한 바코드조차 넣지 않았다. 고급스러움과 예술적인 느낌을 나타내기 위해서였다.

◆

두께뿐만 아니라 가공으로 울퉁불퉁한 느낌을 구현해서 촉감이나 시각적으로 직접 전달되는 Croco GA 종이를 선택했다. 이렇게 완성된 책을 실제 서점에 진열하니 입체감도 느껴지고 다른 책에는 없는 존재감이 드러났다. 정보를 전달하는 것은 글자나 그림만이 아니다. 때로는 글자나 그림을 배제하는 게 사람들에게 전달하고 싶은 예술성을 더 빠르게 전달할 수 있다. 이렇게 독특한 책은 NISSHA 측의 끈질긴 제안 덕분에 가능했다.

### (2) 모자이크 팬티·아트 북

이것도 우리 커뮤니티에서 만든 제품인 '모자이크 팬티' 프로젝트의 일화이다. 모자이크 팬티가 어떤 것인지 모를 듯하여 설명해 보겠다. 이름에서 예상할 수 있듯이 중요 부위를 모자이크 모양으로 처리한 팬티로 커뮤니티 멤버와 함께 만든 프로젝트였다. 모자이크 팬티 본체는 속옷 제조사와 합작하여 제작할 수 있었다. 세계관을 확실하게 전달하고자 아트북과 세트로 판매하게 되었다.

참고로 텔레비전 방송 〈토코로의 세타가야 베이스〉에 이 모자이크 팬티를 보냈더니 화제가 되기도 했다. MC인 토코로가 대체 언제 입는 거냐며 재미있다고 즐거워했다. 나에게는 최고의 칭찬이었다. 이 아트북을 제작할 때도 NISSHA의 아사노의 도움을 많이 받았다. 모자이크 팬티 아트북은 책 디자인이 독특했는데 코덱스codex(책의 뒷부분에 종이를 붙이지 않고 그대로 두는 것)와 중철 제본(표지의 앞면과 뒷면에 두꺼운 종이를 붙인 것)을 조합한 것이다. 이 아이디어는 프로젝트의 리더 겸 아트 디렉터인 미즈카미 하츠코의 의견이었다. 아트북을 만들고 싶다고 이야기했더니 NISSHA 측에

◆

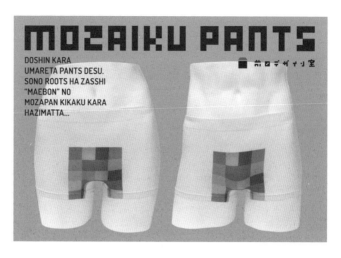

《모자이크 팬티·아트 북》의 표지

서 좌우 양 페이지가 퍼지는 것이 좋겠다며 코덱스를 제안했다. 중철 제본은 아트북 디자인에서는 흔한 패턴인데 예술성을 높이고 싶어 시도하게 되었다. 테스트 단계에서는 종이를 반대로 붙이는 사고도 있었지만, 이 문제 역시 NISSHA 측에서 꼼꼼하게 작업해 준 덕분에 해결할 수 있었다.

이 프로젝트도 크라우드 펀딩으로 자금을 조달했다. 모자이크 팬티는 받아들여지지 않을 가능성이 높다고 생각해 펀딩이 원활하지 않을지도 모른다는 걱정이 있었다. 코덱스는 앞에서 설명했듯이 뒤표지를 붙이지 않은 덕분에 예산을 절약할 수 있었지만, 뒤표지가 없어서 언뜻 보면 미완성처럼 느껴질 수 있다고 생각했다. 미즈카미 하츠코는 간행 기념 이벤트에서 좋은 말을 해주었다. 뒤표지가 없어서 언뜻 보면 미완성으로 보이지만 다채로운 책 내부가 그대로 보인다고 말해준 것이다. 바로 이러한 디자인이 커

◆

뮤니티 구성원이 직접 만들었다는 다양성을 표현한 것이라며 의미를 붙여주었다.

종이는 모두 미스터 비Mr.B라는 종이를 사용했다. 미스터 비는 광택지처럼 발색이 좋고 촉감까지 우수한 좋은 종이이다. 하지만 장점이 많은 만큼 다른 종이에 비해 가격이 비쌌다. 디자이너 대부분은 미스터 비 같은 질 좋은 종이로 제품을 만드는 게 꿈이지만 가격 면에서 실현 불가능한 이야기이다. 하지만 코덱스를 사용해서 비용을 절약할 수 있었다. NISSHA 측에 감사드린다.

## (3) 마에다 디자인실 포치부쿠로 전 포치쿠로히로코의 컬렉션

2019년 크리스마스에 우리 커뮤니티 주최로 종이를 주제로 한 이벤트를 진행했다. 장소는 헤이와 페이퍼HEIWA PAPER의 갤러리 페이퍼 보이스 오사카PAPER VOICE OSAKA였다. 많은 사람이 왔으면 했다. 하지만 개최 시기가 크리스마스 시즌이라 마에다 디자인실의 전시회가 주목받는 것은 힘들어 보였다. 이후 설날 무렵으로 개최일을 조정하여 특수 종이를 사용한 작은 봉투를 디자인했다. 참고로 타이틀인 포치 부쿠로 히로코(용돈을 넣기 위한 작은 봉투)에 큰 의미를 담은 것은 아니었지만 호기심을 갖고 봐주었으면 하는 마음으로 그렇게 붙였다.

헤이와 페이퍼의 특수 종이로 이벤트를 한다는 것은 디자이너에게는 꿈같은 일이다. 종이 디자인 작업은 예전부터 있었던 일이긴 했다. 최근에는 인터넷에서 끝나는 디자인 업무가 늘어나는 추세라 특수 종이를 사용해 디자인할 기회 자체가 줄어들었다. 일반적으로 인쇄물의 종이는 매트지, 코팅지, 고급 종이, 이렇

◆

예술성을 높이기 위해 중철 제본을 사용

책을 여닫기 쉽고 비용도 절감할 수 있는 코덱스

게 세 가지 정도를 선택한다. 이벤트 자체도 성황이었고 커뮤니티 사람들의 반응 역시 뜨거웠다. 다양한 종이를 사용해서 인쇄한 것은 처음이라며 기뻐했다. 이러한 사례들을 보면 좋은 디자인은 좋은 인쇄 회사, 좋은 종이 회사의 협력이 없다면 절대로 불가능 하다는 것을 이해할 수 있을 것이다.

페이퍼 보이스 오사카에서 열린
마에다 디자인실 포치부쿠로 전

# 10. 동심을 기르자

나는 이 세상에 재미없는 일은 없다고 생각한다. 아무도 보지 않거나 누가 봐도 괴로운 일을 재미있는 일로 만들었다. 이렇게 되기까지 항상 동심을 잊지 않으려고 노력했다. 동심은 어린이처럼 순진무구한 마음을 말한다. 문호인 무샤노코지 사네아쓰는 행복을 느끼려면 동심이나 무심無心 같은 솔직함이 필요하다고 말했다. 일은 즐겁게 해야 하며, 행복을 느끼는 것이어야 한다고 생각한다. AI 기술의 진화로 사람이 하는 일은 줄어들고, 일과 놀이의 경계가 없어지는 시대가 곧 도래할 것이다. 이러한 시대에서 살아남으려면 어떤 일이든 즐길 줄 아는 여유로운 마음이 무엇보다 중요하다. 어른이야말로 동심이 필요하다고 생각한다. 일할 때 어떻게 동심을 활용하는지 나의 경험담을 토대로 이야기해 보겠다.

닌텐도 시절의 이야기이다. 나는 J리그 교토 상가의 오피셜 이어북Yearbook에 실린 광고 디자인을 담당한 적이 있다. 2006년은 게임기 'Wii'가 나온 직후였다. 홍보용으로 'Wii'의 사진을 보여주고 본체 가격을 넣는 것도 어느 정도 용인되던 시기였다. 재미있는 디자인으로 확실하게 각인될 만한 것을 만들고 싶었다. 선수나 코치가 모인 사진을 끌어와서 'Mii'(Wii 등에서 얼굴 조각을 조합해 캐릭터를 만드는 기능)를 이용해 관계자 전원의 캐릭터를 만들어 광고했다. 선수들의 얼굴과 Mii로 만든 캐릭터가 얼마나 닮았는지 비교하며 화제가 되기도 했다. 결과적으로 재미와 광고 두 마리 토끼를 다 잡은 셈이었다. 닌텐도 시절 내가 작업했던 것들 중에서도 베스트에 들어가는 일이었다.

아바타 기능 Mii를 사용해 화제가 된 2006년 교토 상가의 오피셜 이어북 광고

이런 식으로 업무에 상관없이 재미를 붙일 요령을 찾았다. 나도 처음부터 능숙하게 하지는 않았다. 일을 즐기지 못하는 건 누구나 겪는 일이다. 우리 회사 NASU에서도 이러한 일이 있었다. 이즈미시 의회 의원인 이사카 유우타의 명함 디자인을 의뢰받았다. 사내에서 공모전이 열렸는데 나와 디자이너 미즈카미 하츠코의 디자인이 채택되었다. 명함 디자인을 최종 수정하는 과정에서 의뢰자인 이사카 유우타의 몇 가지 주문 사항이 있었다. 명함 카피 문구에 힘이 있고 혁신적

인 느낌을 줄 수 있으면 좋겠다고 말했다. 초반에 미즈카미 하츠코는 힘이 느껴지는 폰트를 몇 가지 제안했다. 몇 번의 대화가 오가자 이 사카 유우타는 이렇게 말했다. 색이 들어가면 이상한 것 같다고 말하며, 카피 문구가 활활 불타오르는 느낌이었으면 좋겠다고 주문했다. 미즈카미 하츠코는 이 명함은 앞면에 이름이 크게 들어가 있는 것이 장점이라고 설명했다. 뒷면은 착실하고 성실한 인상이어야 하는데 오히려 디자인이 많이 들어가지 않는 것이 좋다고 말하자 이사카 유우타는 그 의도를 받아들였다.

언뜻 보기에는 문제가 없는 대화로 보일 수 있으나, 나는 그렇게 생각하지 않는다. 디자이너의 일은 클라이언트의 생각을 이미지로 구현하는 것이다. 미즈카미 하츠코는 숙련된 디자이너라서 어느 정도 답을 예상하고 이렇게 하는 것이 더 좋다는 제안도 거침없이 할 수 있다. 하지만 클라이언트는 디자인을 잘 모르기에 디자이너의 말에 쉽게 수긍하게 된다. 우리 디자이너는 보이지 않는 부분을 비주얼로 구현하여 클라이언트가 선택할 수 있도록 도와야 한다. 클라이언트의 제안이 설령 별로라고 해도 일단 형태로 만들어 보여줄 수 있어야 한다. 클라이언트가 자신의 주문대로 만들어진 디자인을 눈으로 확인한 뒤에야, 디자이너의 의견이 더 좋다는 것을 수긍하면 디자이너의 말을 따를지도 모른다. 종종 클라이언트가 언급한 것에서 힌트를 얻고 훨씬 좋은 것을 만들어내기도 한다.

바로 이것이 디자인의 재미있는 점 중 하나다. 회사 내에서 미즈카미 하츠코에게 어떤 의도로 행동한 것인지 물어보았다. 그러자 끝도 없이 수정만 해야 할 것 같아서 사전에 막았다고 답했다. 그 마음을 이해하지 못하는 건 아니다. 하지만 그런 방식으로 디자인을 만들면 앞으로 절대 발전할 수 없다. 클라이언트가 디자이너의 의도를 이해하지 못했을지도 모르고 디자이너조차도 일을 즐기지 못하고 있기 때문이다. 그러면 일이 재미없어지고 시시해진다. 미즈카미 하츠코의 훌륭한 점은 나의 조언에 수긍하며 빨리 개선했다는 것이다. 함께 만든다는 것을 잊으면 안 된다고 하며 인정했다. 그리곤 한 번 더 해 보겠다고 말하며 곧바로 새로운 디자인을 제안했다. 이러한 열정이 이사카 유우타에게 통했는지 추가로 제안한 디자인을 마음에 들어 했다. 애매했던 처음 디자인보다 새 디자인 쪽이 훨씬 매력적이었다. 이렇게 그가 원했던 힘 있고 혁신적인 이미지의 명함이 완성되었다. 바로 이것이 일을 즐기는 자세이다.

시간이 흘러 2016년에 나는 닌텐도를 퇴사하고 프리랜서로 활동을 시작했다. 그리고 다시 2년 후에는 회사를 만들었고 온라인 커뮤니티 마에다 디자인실을 세웠다. 이 커뮤니티에서 인상적이었던 활동은 2018년 여름에 만든 잡지 《마에본》의 출판 프로젝트였다. 잡지의 주제는 동심을 되찾자로 정했다. 이는 내가 가장 중요하게 생각했던 것이라서 이 마인드를 커뮤니티 구성원 모두에게 전하고 싶었다. 마에다 디자인실이 세상에 발신하는 메시지는 무엇이 좋을까 고민했을 때 동심이 키워드면 좋겠다고 생각했다.

《마에본》은 매우 이례적인 잡지이다. 제작 기간은 겨우 2개월 남짓이었고 제작 멤버의 90퍼센트 정도가 한 번도 잡지를 제작해 본 적이 없는 초보자였다. 이들은 따로 본업을 가진 정규직 사원이었다. 요령도 없고 시간도 없어서 맨 처음에는 너무 무모하다고 반대하는 사람도 있었다. 하지만 무모할수록 재미있을 것이란 생각이 강하게 들면서 동심을 되돌릴 기회라고 확신했다. 시작하고 나서 깨달은 사실이지만 일반

◆

온라인 커뮤니티 출판 《마에본》

상담회라는 딱딱한 이미지를 없앤 《오본데본》의 배너

적인 출판사에 부과되는 제약들이 비영리로 활동하는 우리에게는 적용되지 않았다. 재미있는 것을 만들며 작업 과정 하나하나를 즐기면 되는 일이었다. 우리는 곧바로 《마에본》을 제작하는 일에 빠져들었다.

8월 중순 제작이 어느 정도 진행되었을 무렵에 온라인으로 상담회를 열었다. 하지만 상담회를 하자고 이야기하면 재미도 반응도 별로 없을 것 같았다. 우선 사람들의 의욕을 끌어올릴 만한 상담회의 이름을 정하는 것이 우선이었다. 여러 가지 아이디어가 나왔다. '마에본데오봉(마에본과 함께하는 즐거운 오봉이란 뜻으로 오봉ぉ盆은 매년 양력 8월 15일을 중심으로 치러지는 일본의 명절)'에서 시작해 결국 상담회의 이름은 '오

본데본'으로 정했다. 이날을 위해 배너도 만들었다. 온라인 상담회였지만 반은 우리끼리 즐기는 이벤트였다. 즐겁고 가벼운 마음으로 이야기를 나눌 수 있는 분위기가 형성되었다.

이어서 야간 근무 이벤트인 '아사마데 감바라Night(아침까지 밤샘은 금물)'도 있다. 야간 근무는 너무 괴롭지만 어쩔 수 없이 해야 할 때가 있다. 야간 근무를 혼자 하게 되면 더 힘들게 느껴질 것이다. 누군가와 함께한다면 어떨까 싶어서 특별한 이름을 붙여보기로 했다. 야간 근무가 그날 한정 이벤트인 것처럼 모두 함께 즐겨보기로 한 것이다. 누군가와 컴퓨터로 서로 연결된다. 딱히 말을 하는 건 아니지만 화면 저편에 있는 동료의 기척을 느끼는 것만으로도 힘이 난다. 이렇게 우리는 상담회든 철야든 모든 것을 게임화했다. (이 말은 나중에 인터뷰에서 편집자인 사도시마 요헤이가 이야기해 준 것이다.)

힘들 땐 즐기면 된다! 이 말은 특별히 정신적인 부분만 이야기하는 것이 아니다. 실제로 작업 효율을 올리는 데 도움이 된다. 보통 입고 작업(인쇄하기 위해 원고를 인쇄소에 넘김)은 한 번만 진행하지만, 《마에본》은 이 과정을 네 번이나 했다. 앞에서 이야기한 것처럼 제작팀의 90퍼센트가 잡지 제작 미경험자였다. 기술력이 들쑥날쑥했기에 다른 곳처럼 마감날을 단 하루로 정하면 데이터의 퀄리티가 떨어지는 건 뻔한 일이었다. 입고를 네 번에 나눠서 하기로 결정하고 퀄리티를 점점 올리기로 했다. 입고와 마감이라는 단어를 사용하면 동기부여가 되지 않는다는 생각이 들었다. 팀원들이 입고라는 단어 대신에 완성률이라고 부르면 어떻겠냐고 제안했다. 이 과정을 구체적으로는 백분율로 나누어 총 네 단계로 표시했다. '제1차 입고 = 완성률 20퍼센트', '제2차 입고 = 완성률 60퍼센트', '제3차 입고 = 완성률 80퍼센트',

야간 근무는 힘들다는 이미지를 줄인 '아사마데 감바라나'의 배너

'최종 입고 = 완성률 100퍼센트' 이렇게 표현을 바꾼 것이다. 덕분에 나는 개인별로 진척 상황을 파악할 수 있었고 미경험자인 팀원들은 완성률을 몇 번이나 연습할 수 있는 이상적인 환경이 만들어졌다.

대단한 것도 아니고 단어만 살짝 바꾼 것 아니냐고 말하는 사람도 있을 것이다. 하지만 나는 일상생활 모든 것에 의미를 부여하고 싶다. 무의미한 것이라도 가능하면 가치가 있는 것으로 바꾸고 싶다. 그러다 보면 별거 아닌 것이 조금씩 쌓여 어린아이 같은 마음이 자라날 것이다. 나의 좌우명은 영원한 동심이다. 이렇게 키운 동심을 활용해 누군가의 마음을 울리는 디자인을 계속 만들고 싶다. 그러다 보면 세상의 모든 일이 다 재미있게 느껴질 것이다.

# 11. 이 디자인은 당신이 제일 싫어하는 사람이 만든 것이다

솔직히 말하자면 좋은 것을 만드는 방법론 같은 것은 없다. 젊은 시절의 나는 방법론을 찾는데 필사적이었다. 노력한 결과 찾아낸 나름의 방법론이 몇 개 있는데 그중에서 효과가 좋았던 것이 있다. 그것은 바로 '어떻게 고객의 시선으로 볼 것인가'였다. 디자인은 어떤 목적을 위해 존재하고 보는 사람이 그것을 어떻게 느꼈는지, 그들의 마음을 어떻게 움직였는지가 중요하다. 그러기 위해서는 고객의 시선인 객관적인 시점으로 생각해야 한다. 해답은 고객에게 있다. 가장 추천하는 방법은 자신의 디자인이 진열되어 있는 매장으로 직접 찾아가 고객들의 실제 반응을 살펴보는 것이다. 그들의 대화를 들어보거나 시선 끝에 무엇이 있는지 지켜보자. 고객의 시선은 틀림없이 가장 중요한 정보가 된다.

객관적인 시선을 갖기 위한 구체적인 방법은 우선 다른 사람에게 보여주는 것이다. 이런 경우 보통은 주변에 감각이 좋은 사람이 없다고 대답하는데 그래서 더 좋다. 반복해서 이야기하지만 중요한 것은 고객의 시선이다. 디자인과 관련 없는 사람, 흥미가 없는 사람들이 고객의 시점과 가장 근접한 사람이 아닐까? 가까운 예로 가족들의 반응을 보는 것이 가장 쉬운 접근 방법일 것이다. 나는 아내에게 자주 디자인을 보여준다. 배려하거나 남의 마음을 신경 쓰지 않고 솔직하게 말해주는 사람에게 의견을 묻는 것이 가장 믿을 수 있는 의견이다. 객관적인 시점을 갖는 방법 중 자기 완결이 가능하고 효과적인 방법이 있다. 이 디자인을 당신이 제일 싫어하는 사람이 만든 것이라고 생각해 보는 것이다.

이 방법은 내가 존경하는 디자이너인 오누키 타쿠야(J리그와 소프트 뱅크의 기업 로고와 칸 국제 광고영화제에서 그랑프리를 받은 세계적인 디자이너)의 방법이다. 오누키 타쿠야도 객관적인 시점을 중요하게 생각했다. 자신이 만든 디자인은 아무리 객관적으로 보려고 해도 내가 만든 이상 장단점을 찾기도 전에 애착이 생겨 냉정하게 평가하는 것이 어렵다. 만약에 이 디자인이 내가 싫어하는 사람이 만든 것이라면 콩깍지가 벗겨지면서 점점 날카롭게 비판하게 될 것이다. 내가 좋아하는 책인 《고구》에 자세한 이야기가 담겨 있는데, 그중에서 칠색 잉꼬라는 방법이 있다. 칠색 잉꼬(역할에 빙의되어 완벽하게 연기하는 명배우를 가리킨다)가 되어 본인이 만든 디자인 팸플릿을 책상 위에 놓고 하나하나 뜯어보는 것이다. 그리고 본인이 고객의 입장이 되어 보는 것이다.

이러한 경험이 있지 않은가? 상사에게 무언가를 제출할 때 완벽하다고 생각했는데 막상 출력해서 손에 들고 가는 도중 다시 살펴보니 수정할 부분을 발견하게 되는 순간들 말이다. 이런 일도 있을 것이다. 블로그에 글을 쓸 때나 집필 중에는 발견하지 못했던 문제들이 SNS에 공유했더니 잘못된 부분이 보이는 것이다. 손을 뗐을 때 비로소 보이는 것들이 있다. 물리적으로 거리를 두는 순간 평소에 발견하기 어려웠던 것을 보게 된다. 이 책을 집필하며 우연히 겪은 객관적 시점과 관련된 경험을 이야기하겠다. 객관적 시점을 주제로 글을 쓰고 있을 때였다. 이렇게 하면 훨씬 좋은 디자인을 만들 수 있다는 내용으로 마음 가는 대로 글을 쓰고 있었다. 그런데 다시 읽어보니 나는 글을 통해 설교만 하고 있다는 걸 깨달았다. 스스로 읽었을 때 그렇게 느껴질 정도였으니 독자들은 더 했을 것이다.

갑자기 머릿속에 떠오른 사람이 있었다. 트위터에서 켄스라는 닉네임으로 불리는 비즈니스맨 후루카와 켄스케였다. 실제로 만난 적은 없지만 트위터를 팔로우하고 있어서 매일 어떤 글을 쓰고 있는지 잘 알고 있었다. 그가 쓰는 내용은 깊이가 있고 알기 쉬우며 친절했고 하고 싶은 말을 확실하게 전달했다. 다른 사람을 배려하는 훌륭한 UX·UI 디자인 같았다. 켄스가 쓰는 트윗이 이상적인데 반해 나는 그런 글을 못 쓴다고 트위터에 올렸다.

생각지도 않게 켄스 쪽에서 글을 함께 써보자는 답글을 달아주어 놀랐다. 트위터에서 맺은 인연은 신기했다. 기쁜 마음과 부끄러운 마음이 교차하며, 그에게 내가 쓴 글을 보냈다. 그는 내가 보낸 글을 읽고 답글을 달아주었다. 30분 정도 후 켄스가 수정해준 글이 도착했다. 내가 쓴 글보다 자기소개나 전문 용어 등의 설명이 친절했고, 간결하게 쓰여 있었다. 또한, 시각적으로도 훨씬 읽기 쉬웠다. 정말 훌륭했다! 고객의 시선에서 본다는 것이 어떤 의미인지 켄스 덕분에 그 중요성을 다시 깨닫게 되었다.

◆

# 12. 색만 사용하여 느낌을 전달하자

나는 고등학교 3학년 때 미술 대학교 입시에 실패했다. 간사이 소재의 예술 계열 대학을 닥치는 대로 시험봤지만 전부 떨어졌다. 어릴 때부터 그림을 잘 그린다는 말을 듣고 자란 탓에 자만하고 있었다. 미술 대학교 수험생의 90퍼센트는 한 번쯤은 이렇게 좌절을 맛본다. 미술 대학교에 들어가면 나보다 훨씬 뛰어난 학생들이 많다는 걸 깨닫게 되기 때문이다. 미술 대학교 입시 과정에는 연필 데생과 색채 구성이 있다. 데생에 관한 것은 소제목 8번을 읽어보길 바란다. 대신 여기에서는 색채 구성에 관한 이야기를 해 보겠다.

이름만 보면 색칠 공부를 떠올릴지도 모르지만 한 마디로 그림을 만드는 것이다. 대부분 어떤 주제가 있고 그에 맞는 그림을 그린다. 물론 색도 포함해서 그려야 한다. 어떤 색을 어떻게 사용해서 무엇을 표현할 수 있는지 색을 다루는 능력이 요구된다. '노을'이라는 주제가 있다. 저녁 무렵에 인파가 많다고 가정해 보자. 이 인물의 옷 색이 보라색이고, 옆에 있는 사람은 파란색이다. 이렇게 생각하면 바로 꼴찌 당첨이다. 색채 구성 과제의 의도를 전혀 이해하지 못했기 때문이다. 저녁 무렵이라 많은 사람이 몰려 있다는 설정을 생각해 보자. 아무리 파란색 옷을 입었다고 해도 어디에 서 있는가에 따라 햇빛이 닿는 정도가 달라진다. 보는 방법도 크게 달라진다고 추측할 수 있다. 그러니 단순히 색명色名으로 말하자면 아직 색 자체를 이해하지 못한 것이다.

나 역시 색채 구성을 잘못하는 사람 중 하나였다. 1년 정도 재수 생활을 하게 되면서 이대로는 발전이 없다는 생각에 색채 참고서를 사서 집에서 공부를 시작했다. 채도나 명도, 배색 패턴을 머릿속에 집어넣어도 전혀 진척이 없었다. 영어 단어를 열심히 암기해 봤자 영어 회화를 못하는 것과 마찬가지였다. 고등학교 3학년 때부터 나카노시마 미술 학원이라는 그림 전문학교를 매일 다녔다. 어떻게든 약점이라고 생각하는 색채 구성을 극복하고 싶었지만 어떻게 해야 좋은지 알 수 없었다. 그러다  색만 사용하여 느낌을 전달하는 과제를 하게 되었다. '봄'이라는 주제를 임의로 설정했고, 포스터컬러 색으로 칸을 만들어 표현했다. 이 과제는 훌륭했고 나는 지금도 이것이 내가 발전

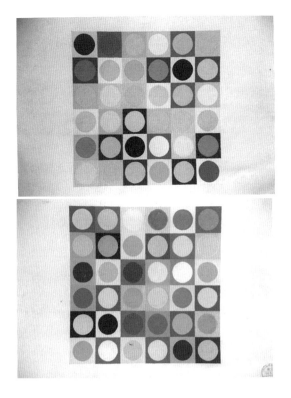

나카노시마 미술 학원에서 배운 색채 구성 과제

◆

할 수 있었던 신의 한 수 였다고 생각한다. 다양한 방법을 시도했는데 그중 이 방법으로 정착했고 지금도 활용하고 있다. 우선 이 칸을 전부 칠하려고 하면 사각형 36개와 동그라미 36개, 총 72종류의 색을 칠해야 한다. 사방으로 서로 인접한 색과 색 조합 패턴을 연습할 수 있다. 전체 색의 균형도 고려할 수 있다.

이 과제를 처음 했을 때 내가 받은 평가 점수는 'D'였다. 열 단계 중에서 가장 낮은 평가였는데 나는 이 점수가 너무너무 분했다. 이 과제를 통과하지 못하면 앞으로 나아갈 수 없다는 느낌이 들었다. 자진해서 이 과제를 20장 넘게 그렸다. 집에 돌아가서도 쉼 없이 색을 계속 칠했다. 마치 수행하는 사람처럼 말이다. 그때 비로소 색채 감각을 몸에 익히는 방법을 깨달았다. 색을 사용하는 법을 이해할 때까지 몰두하는 것밖에는 답이 없었다. 3개월 정도 끈질기게 과제를 했더니 점점 색을 잘 구사할 수 있게 되었다. 그러자 여름 학교 내의 테스트에서 갑자기 좋은 성적을 받았다. 간사이 사립대학 코스 중에서 1위였다. 이는 학내 모두를 포함하면 종합 2위라는 기록이었다.

그때 어떤 과제가 있었는지 지금도 기억한다. 선 안에 둥근 도형을 반드시 넣어 구성하는 것이었다. 나는 빌딩과 도망자 행색의 사람이 있는 그림을 그렸다. 어둠 속에서 루팡 3세가 도망칠 때 스포트라이트를 비추는 느낌을 상상해 보길 바란다. 남색으로 가득 찬 세상에 스포트라이트를 비춰보는 것이다. 단순하게 빛이니까 노란색으로만 생각한다면 쉽지 않을 것이다. 이때 나는 색채 구성의 의도를 깨닫기 시작했다. 어둠과 빛의 밝음이 대비되는 것을 보색補色이라고 하는데 반대되는 색을 사용하여 빛과 그림자를 표현하자 좋은 평가를 받을 수 있었다.

그림을 그리는 사람, 그리고 싶은 사람, 색채 감각을 높이고 싶은 사람은 이 과제를 직접 해 보고 우선 색을 몸에 익혀볼 것을 추천한다. 머리로만 생각해서는 소용없다. 색을 알고 익숙해지고 이해함으로써 몸에 스며들게 하는 것이다. 거의 색을 지배했다고 말할 수 있을 정도로 완벽하게 자신의 것으로 만드는 것을 의식해야 한다. 지금 바로 책의 마지막 후반 부에 있는 [워크1]을 시작해 보자.

## 13. 진부한 디자인은 어떻게 탄생하는가?

형편없는 것을 진부하다고 생각하기 쉽지만 꼭 그렇지는 않다. 디자인의 기능을 살리기 위해 일부러 촌스럽게 만드는 경우도 있기 때문이다. 이럴 때는 진부하다고 이야기하지 않는다. 내가 말하는 진부한 디자인은 무엇이며 어떻게 탄생하는지 이야기해 보고자 한다. 진부한 디자인은 어떤 경우에 탄생할까? 사실 이에 대한 대답은 확실하다. 결론부터 말하면 디자인의 힘의 균형power balance이 사고 쪽에 너무 치우쳐 있으면 진부해진다. 디자인할 땐 조리 있게 설명하거나 논리적인 요소를 넣는 것도 물론 중요하다. 하지만 너무 이것에만 집중한 나머지 조형에 소홀하면 진부한 디자인이 탄생한다.

디자인 제작 과정을 엮어낸 블로그 기사를 읽다 보면 가끔 이러한 이유로 이렇게 로고를 만들었다고 말하며 확실하게 디자인 이념을 언급하는 사람이 있다. 훌륭한 방법이지만 막상 그 결과물을 보면 안타깝게도 너무 논리에 치우친 나머지 진부할 때가 많다. 이건 나에게도 해당하는 이야기로 가장 최근 납품하기 전 단계에서 이 사실을 깨달았다. 디자인을 하기 전에 콘셉트를 만들고 거기에 맞춰 논리적이어야 한다는 생각에 지나치게 집착하는 사람들이 있다. 물론 조리 있는 사고는 필요하지만, 그것만으로는 부족하다. 그보다는 사고와 조형을 자유롭게 오가는 이미지가 이상적이다. 조형에서 탄생한 디자인이 있다고 하자. 이 조형과 연관된 생각이 뒤따른다면 문제 될 것이 없다. 반드시 콘셉트가 먼저고 형태가 다음은 아니다. 꼭 따라야 하는 법칙이 있는 것은 아니기 때문이다. 콘셉트는 나중에 만들어도 상관없다. 구체적인 예시를 들어 설명해 보겠다.

### * 주식회사 포페루카의 로고 디자인

우리 회사에서 성형 수술 상담과 지원을 하는 주식회사 포페루카의 로고를 만들었다. 이 회사의 대표 미키시는 트위터나 블로그를 통해 자신의 성형 이야기를 솔직하게 공개하여 젊은 여성들에게 굉장한 인기를 끌었다. 어시스턴트 디자이너인 요시다가 디자인하고 내가 디렉션을 맡았다. 로고는 조형부터 만들기 시작했다. 요시다는 처음에는 미용이나, 회사명인 포페루카가 체코어로 신데렐라를 의미한다는 데서 힌트를 얻은 디자인을 제출했다. 막상 포페루카의 대표인 미키시는 회사명을 정할 때 단어의 울림에 착안했다고 말했다.

의미 부여에 중점을 둔다면 성형, 미용, 뷰티 같은 단어가 들어가는 것이 좋겠지만, 이런 단어는 하나도 넣지 않았다. 미키시가 포페루카에서 하고 싶은 일은 일본의 미용 성형을 한 단계 업그레이드 시키는 것이었다. 이 취지를 살려 미용이나 신데렐라라는 의미에 너무 치

◆

우치지 않는 것이 좋겠다고 생각했다. 디자이너 요시다에게 의미는 나중에 붙여도 좋으니 형태부터 디자인하여 만들 것을 지시했다.

그러자 재미있는 형태의 디자인이 계속해서 만들어졌다. 선정된

본인의 성형 경험으로 포페루카를 창업한 미키시

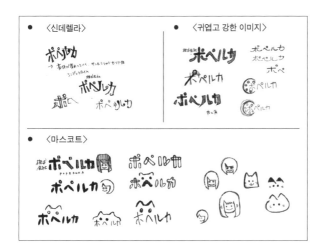

의미부터 먼저 생각한 로고 디자인

◆

디자인은 다음의 로고이다. 이 과정에서는 '포페루카'를 읽기도 어려울뿐더러 정확한 의미도 아직 정해지지 않았지만 이 자체로도 느낌이 좋았다. 이 조형은 애니메이션 타이틀 같았고, 지적이고 대찬 느낌의 미키시와 딱 들어맞았는데 이 부분이 가장 중요했다. 마감 일정에 맞춰 로고를 제안할 때 즈음 이렇게 다듬기로 했다.

- ◆ '포페루카' 소리 내고 싶어지는 울림, 행복해지는 주문→ 무슨 뜻인지 해독해 보고 싶은 비주얼로 표현.
- ◆ 아름답고 행복해진다. 외모가 바뀌어도 여전히 나는 나.
- ◆ 애니메이션 타이틀 같은 형태.

의미를 나중에 생각해도 조형과 일치했다. 클라이언트의 주문에 맞는 디자인으로 완성될 수 있었다. 마무리로 가독성이 좋지 않은 부분도 해결했고, 조형적인 아름다움도 유지한 최상의 형태로 납품할 수 있었다.

이것이 조형부터 만든 사례이다. 로고 디자인은 반드시 의미부터 시작하지 않아도 된다. 중요한 것은 사고와 조형을 자유롭게 오가는 것이 포인트이다. 반대로 지나치게 의미를 생각한 나머지 진부한 디자인이 된 사례도 있었다. 구체적인 예시를 들어 설명하고 싶지만 다

제안 단계의 로고(좌)와 완성판 로고(우)

## VIEW에서 할 수 있는 것

프로그램은 필요 없다!
손쉽게 웹 사이트를
만들 수 있다.

페이스북이나 슬랙에서의
활동을 쉽게 볼 수 있다.

커뮤니티 활동 내용을 쉽게
볼 수 있어 커뮤니케이션이
훨씬 원활해졌다.

른 사람의 디자인을 보고 이런저런 말을 하고 싶지는 않다. 이 책을 쓰면서 구체적인 예를 어떻게 들면 좋을지 고민했다. 때마침 커뮤니티 멤버용 칼럼에 어떤 로고 제작 과정을 정리 중이었는데 이 로고의 제작 중간 단계가 이 케이스에 해당했다. 따라서 내 디자인을 예시로 설명해 보겠다.

### * 주식회사 VIEW의 로고 디자인

우리 커뮤니티에서 만든 'VIEW'라는 프로젝트가 있다. 커뮤니티에서는 페이스북Facebook 그룹으로 커뮤니케이션을 하고 있었다. 페이스북은 정보가 계속해서 올라오고 댓글이 달리면 위로 올라가는 구조여서 익숙하지 않은 사람은 보는 것이 힘들어 정보의 미아가 되기 쉬웠다. '마에다 디자인실에서는 미아가 될 일은 없다'라는 표어로 페이스북을 보기 쉽게 바꾸기 위해 포털 사이트 VIEW를 만들었다. 사이트에는 커뮤니케이션이나 과거의 이벤트 아카이브는 물론 카테고리별로 스레드thread(인터넷의 뉴스 그룹에서 하나의 게시물과 그에 대한 답장을 한

마에다 디자인실의 로고를 넣어 본 버전

마에다 디자인실의 로고의 지붕만 넣어 본 버전

마에다 디자인실의 로고를 옆으로 눕히고, 빨간색을 없앤 버전

곳에 모아놓은 것)라는 게시판에 글을 투고하는 단계마다 그 방법을 설명한 링크와 비주얼이 첨부되어 있다.

VIEW에서 찾은 스레드의 영상을 클릭하면 페이스북 그룹의 스레드까지 편하게 넘어갈 수 있었다. 얼마나 편리한지 설명하기 어렵지만 대부분 커뮤니티에서 겪고 있던 문제였기 때문에 VIEW는 매우 가치가 있는 콘텐츠를 만들었다. 그 결과 커뮤니티 플랫폼인 CAMPFIRE Community의 공식 서포트 도구로 인정받아 주식회사 VIEW라는 회사를 설립하게 되었다. 개발 초기 단계부터 생각하면 정말 많은 사람이 도와주었지만 발전 계기는 엔지니어인 기무라 하야오의 존재가 컸기 때문에 그가 대표가 되고 내가 대표이사가 되었다. 이렇게 NASU의 자회사인 주식회사 VIEW가 탄생했다.

그리고 이 회사의 로고를 만들게 되었다. VIEW는 다양한 커뮤니티에서 사용되기를 바랐지만 VIEW를 만든 곳은 마에다 디자인실이었다. 그 탄생 스토리를 살리고 싶었다. 마에다 디자인실의 비주얼을 떠올리게 하는 도트 그림을 사용해 로고를 만들었는데, 도트 글자만 넣어서는 개성이 부족해 보였다. 마에다 디자인실의 로고도 몰래 어딘가에 넣고 싶었다. 그렇게 생각에만 집착한 나머지 진부한 디자인이 만들어졌다. 그림을 한번 보길 바란다. 마에다 디자인실의 로고에는 지붕 형태가 들어가 있는데 만들 당시에는 괜찮다고 생각했다. 그러나 시간이 지나 냉정하게 바라보니 지붕 부분의 빨간색이 너무 튀었고 형태도 기분 나빴다.

이것은 지나친 의미 부여가 오히려 디자인에 방해가 된 전형적인 사례이다. 정신을 차리고 로고를 옆으로 눕혔고 빨간색은 빼기로 했다. 'VIEW'라는 글자를 자세히 들여다보면 'E'가 VIEW를 상징하는 눈동자처럼 보였다. 원래 로고는 조형적으로도 평범하고 눈에 띄지 않아 신경 쓰였다. 포인트를 주면서 마에다 디자인실의 로고도 살짝 넣었다. 눈동자 조형은 커뮤니티를 전체적으로 볼 수 있는 사이트라는 기능과 회사명을 상징하는데 효과적으로 작용했다. 이렇게 세 가

◆

지 버전의 디자인을 만든 끝에 원하는 디자인을 찾을 수 있었다.

**＊ 가공의 회사 'M 빌딩'의 로고 디자인**

여기까지 실제 로고 디자인 사례를 바탕으로 이야기했다. 내가 생각하는 진부한 로고를 설명하는데 부족한 감이 있다. 다른 사람이 만든 것을 가지고 말하는 것은 도리에 어긋나므로 진부한 디자인을 예시로 만들어 보았다. 한번 살펴보길 바란다. 이 로고에는 회사가 갖고 있는 훌륭한 이념을 모두 담았다. 하지만 담고자 하는 의미가 너무 많아 이론만 내세우는 것처럼 보인다. 디자인의 유연함이나 안정감도 느껴지지 않는다. 냉정하게 말하면 이 디자인은 그저 자기만족에 불과하다. 이것이 내가 이야기하는 진부한 디자인이다.

예시이기 때문에 조금 과장된 느낌이 있지만 가끔 이런 디자인을 발견한다. 이론에만 집중하고 조형을 소홀히 하면 촌스러워진다. 클라이언트를 헤아리려는 마음이 강하면 강할수록 이념에 끌려가기 쉽다. 나 또한 경험했기에 잘 알고 있다. 잊지 말아야 할 것은 디자인은

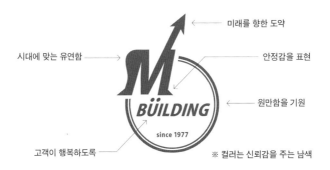

이념을 너무 많이 넣은 진부한 디자인의 예

무엇보다도 매력적이어야 한다는 것이다. 사람의 이목을 끄는 매력적인 디자인이어야 클라이언트의 기대가 물거품이 되지 않는다. 지나친 의미 부여 대신 간단한 전달 방법을 생각하고, 조형도 중요하다는 것을 잊지 말자. 이것만 지킨다면 적어도 용두사미 식의 진부한 디자인은 만들어지지 않는다.

◆

## 〈평행 세계를 상상하자!〉

디자인 능력이 날로 성장하고 있는 사람에게는 어떤 능력이 필요하다고 생각하는가. 감각이나 기술이 필요할까? 너무 뻔해서 김이 빠질지도 모르지만, 정답은 솔직함이다. 어떤 의미에서는 이것도 재능이다. 다른 일들과 마찬가지로 디자인도 감각이나 기술이 좋은 사람보다 솔직한 사람이 더 빠르게 발전한다. 나는 지금까지 다양한 커뮤니티를 통해 디자인에 관해 내가 알고 있는 모든 것과 다양한 경험을 이야기했다. 하지만 내가 경험했던 방법들을 그대로 실천하는 사람은 찾아보기 힘들었다. 직접 시도해 보고 실천해 본다면 분명 많은 변화가 일어나는 것을 느끼게 될 것이다. "혹시 다른 세계가 기다리고 있을지도 몰라!"라고 생각하며, 평행 세계 패러렐 월드parallel world를 상상해 보는 것이다. 디자이너의 일은 디자인으로 세상에 있는 다양한 것들의 가치를 최대화하는 것이다. 디자인 능력을 통해 지금보다 훨씬 좋은 미래를 만들 수 있다. 이때 필요한 것은 평행 세계를 상상하는 능력이다. 평행 세계를 의식하지 못한다는 의미는 냉정하게 말하면 상상력이 부족하다는 것이다. 디자이너로 성장하겠다는 의식도 부족하다는 말이 된다. 훨씬 높은 곳으로 올라가고 싶다면 모든 것을 혼자 해야 한다는 생각은 버리자. 솔직하게 본인의 가능성을 차근차근 점검해 보자.

# 2장

'맞춤형' 디자인을 만들다

## 14. 제품의 맞춤형 디자인 원칙

　디자인을 구성할 때 중요한 것은 제품의 맞춤형 디자인을 하는 것이다. 의뢰받은 안건의 매력을 보여줄 수 있는 디자인이어야 한다는 말이다. 'A'라는 클라이언트가 있다고 하자. 내가 디자인한다면 'A'라는 클라이언트만이 가진 대체 불가능한 고유의 요소를 넣을 것이다. 이런 맞춤형 디자인은 주어가 바뀌면 성립되지 않는 디자인이다. 디자인의 모든 부분에는 그것이 만들어진 이유가 필요하다. 이 제품은 이 디자인일 수밖에 없도록 느껴져야 한다.

　스즈키Suzuki Motor의 경자동차인 허슬러Hustler가 발매되었을 당시 CMCategory Management(소비자 수요 창출과 판매와 관련된 마케팅 활동) 애니메이션 〈닥터 슬럼프〉의 캐릭터인 아라레를 사용했다. 허슬러는 색도

화려하고 형태도 귀여운 밝은 느낌을 주어, 닥터 슬럼프의 아라레가 있는 세계에서 튀어나온 자동차 같았다. 허슬러와 아라레가 컬래버레이션 한 이 CM은 제품의 맞춤형에 해당한다. 바로 이 CM이 이러한 요소가 잘 드러나는 훌륭한 예시이다.

반대로 어떤 자동차 CM 중에는 게임 음악을 사용한 사례가 있었다. 모험을 테마로 한 CM이었는데 듣기만 해도 알아차릴 수 있는 아주 유명한 게임의 BGM을 사용했다. 이 차는 아웃도어 타입도 아니었고, 모험과는 아무 연관성 없는 디자인을 하고 있었다. 이 발상은 제품에서 시작된 것이 아닌 화제를 만들 목적에서 출발한 것이다. 해당 게임의 팬인 한 사람으로서 이용당한 것 같아 기분이 좋지 않았다. 아쉽게도 너무 겉핥기 식의 접근 방법이었다. 한 번에 알아보지 못하면 실패한 것이나 다름없다.

왜 디자인은 제품 의도와 맞아야 할까? 결과적으로 제품 자체가 주목받아야 의미가 있기 때문이다. CM이 아무리 화제가 되어도 제품의 매력이 전달되지 않으면 팔리지 않는다. 유명 콘텐츠의 힘을 빌리면 초반에는 흥미를 끌기 쉽고 그 순간에 혹하는 사람이 있을 수 있다. 하지만 제품과 연관성이 적다면 진정한 의미를 갖고 제품의 매력을 전달한 디자인이라고 말하기 힘들다. 제품의 맞춤형 디자인을 한다는 것은 다시 말하면 당연한 이야기다. 이것은 다른 제품과 비교해 차별화된 그 제품만의 가치를 보여준다. 제품의 맞춤형 디자인을 위한 발상의 원천은 제품이어야 한다. 간혹 재미있는 아이디어 설계가 떠오르기도 한다. 그럴 때 이성적으로 이 제품에 맞는 매력을 끌어냈는지, 이 제품과 어울리는 아이디어인지 스스로 물어보자.

◆

## 15. 취향을 갈고 닦자

　고객들이 내 포트폴리오를 보고 기시감이 느껴지지 않는다고 말해줄 때마다 기쁨을 느낀다. 나는 흉내만 내는 디자인을 아주 싫어한다. 그보다는 그 제품에 딱 맞고 어울리는 디자인을 만드는 것이 목표다. 고객의 말이 내가 원하는 목표를 실현했다는 증거인 것 같아 마음이 놓이기도 한다. 어떤 분은 다양한 디자인을 통해 개성이 느껴져서 좋다고 말해주기도 했다. 팝적인 느낌이라는 말도 자주 듣는다. 나만의 디자인이라는 뜻은 결국 개성이 잘 드러난다는 의미다. 고객이 무엇을 원하고 있는지 이해하고 거기에 딱 맞는 디자인을 만드는 데 나만의 개성은 업무상 필요 없는 부분이기도 하다. 그래서 이 부분은 의식적으로 지우려고 노력한다. 내가 중요하게 생각하는 미의식이나 가치관이 여과되어 자연스럽게 흘러나오는 건 어쩔 수 없다. 오히려 자연스럽게 흘러나오는 편이 좋다는 생각이다. 내가 좋아하는 세계관은 엄밀히 말하면 팝적인 이미지가 아니다. 나는 아기자기한 느낌의 토이틱TOYTIC한 이미지를 좋아한다. 이 말은 사전에 없는 내가 만든 표현이다. 색감으로 말하면 색채가 풍부하고 팝적인 것인데, 질감으로 말하면 플라스틱처럼 가벼운 것을 말한다. 내 취향을 반영한 일종의 패티시에 가깝다. 이런 느낌의 디자인을 참을 수 없을 만큼 좋아한다. 몇 가지 예를 들어보겠다. 사진을 한 번 봐주길 바란다. 눈에 넣어도 아프지 않을 정도로 내가 좋아하는 물건들이다.
　내가 지나칠 정도로 집착하는 것은 이러한 분위기를 가진 토이틱한 세계이다. 장난감 같은 것을 수집하는데 푹 빠져 있기도 하다. 나의 개인적인 취향을 일부러 이야기해 보았다. 그 이유는 자신만의 취향이 있고 그것을 추구하는 사람일수록 디자이너로 살아남을 수 있다는 것을 보여주기 위해서이다. 학생일 때는 좋은 디자인의 옷이나 잡화를 사려면 번화한 시내로 나가야 했다. 이건 어느 도시나 마찬가지였겠지만 지금은 환경이 많이 달라졌다. 지방 쇼핑몰에서 싼값에 팔고 있는 물건도 디자인이 나쁘지 않다. 최근에는 100엔 가게에서 파는 저렴한 가격의 제품들도 퀄리티가 좋아졌다. 전적으로 기술이 발달했기에 가능한 일이다. 일러스트레이터나 포토샵 등의 디자인 소프트도 발달했으며 스마트폰으로도 어느 정도 괜찮은 화질로 사진을 찍을 수 있게 되었다.

어도비는 2020년에 손으로 그린 로고 디자인의 러프 안도 깔끔하게 정리해주는 AI 소프트 계획을 발표했다. 디자인은 점점 생활필수품이 되었고, 값싸고 그럭저럭 좋은 디자인이 대량으로 생산되는 구

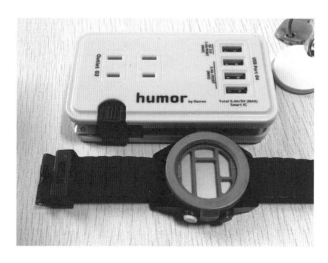

좋아하는 세계관인 '토이틱'한 잡화

좋아하는 세계관인 '토이틱'한 잡화

조로 변화하고 있다. 이와 함께 디자이너의 감각도 좋아졌다. AI를 두려워해서는 아무것도 시작할 수 없다. 이런 시대에서 우리 디자이너가 할 수 있는 일은 감정을 호소하는 요소나 확실한 기호와 같은 앞에서 언급한 집착적인 취향이라고 생각한다. 이렇게 지나칠 정도로 집착하는 것은 예술적인 요소라고 볼 수 있으며 좋은 의미의 변태성이라고 생각한다. 애플Apple의 스티브 잡스Steve Jobs처럼 고집이 있어야 훌륭한 제품이 탄생한다. 자신만의 고집, 취향을 파악하고 심화해야 한다. 그러다 보면 만드는 물건에도 자연스럽게 그 사람만의 개성이 흘러나와 디자인도 신선하고 강렬해진다.

당신은 참을 수 없을 만큼 좋아하는 취향이나 자기만의 세계관을 가지고 있는가? 의식하고 있지는 않아도 누구나 어느 정도 자기만의 취향이 있다. 꼭 당신만의 패티시라고 할 수 있을 만큼 지나친 집착을 찾아서 갈고 닦아 보길 바란다. 이 책의 마지막 부분에 수록된 [워크 8]을 꼭 참고해 보길 추천한다. 이 연습을 통해 분명 승률 높은 디자이너가 될 것이다.

# 16. 승리는 내부에 숨어 있다

"이 과제를 무슨 생각으로 냈는지 출제자의 의도는 생각해 보았니?"
대학교 3학년 재학 중 대기업에서 일을 의뢰받을 정도로 실력이 뛰어난 선배가 있었다. 선배에게 인턴 지원용 과제를 첨삭 받을 때 들었던 말이다. 그때까지 나는 출제자의 의도 같은 건 한 번도 생각해 본 적이 없었다. 그 질문을 계기로 모든 것의 본질은 내부에 있다는 사실을 깨달았다. 인턴 지원용 과제는 다음과 같았다. '자신이 회사를 만든다는 가정하에 회사 로고를 제작하시오. 보충 데이터 첨부 가능.' 그때 나는 로고를 달랑 하나 제출했다. 하지만 나와 동기인 호소카와 츠요시(졸업 후 하쿠호도에 들어가 다양한 광고상을 수상)는 달랐다. 주제와 관련된 로고 외에도 그가 생각한 가공의 화장품 회사의 화장품 패키지까지 만들어서 보냈다. 다시 과제 질문을 살펴보니 '보충 데이터 첨부 가능'이라고 적혀 있었다. 그 문장을 놓치지 않고 제출했다는 것을 깨닫고 매우 놀랐다. 채용 담당자가 누구를 뽑을 것인지는 불 보듯 뻔했다. 이 과제의 숨겨진 의도는 제작물의 완성도 뿐만 아니라 디자인에 대한 열정을 보는 것이었다.

감각이나 아이디어는 불확실하다. 우연의 일치일 때도 있어서 평가하는 것이 어려울 때도 있다. 성실함은 그 사람의 본질을 보여주는 부분이기에 평가하기 쉽고, 물량과 열의 역시 평가하기 쉬운 부분이다. 제작 결과물을 정리한 포트폴리오(미대생은 취업 활동을 할 때 반드시 작성하여 기업에 제출한다)도 해당하는 이야기이다. 지금은 나도 회사를 운영하고 있고 사람을 채용하는 일을 하게 되었으니 내 평가 기준을 이야기하자면 포트폴리오의 질은(일정 수준의 기준은 있지만) 자세히 보지 않는다. 많은 사람이 지원해 주고 있기에, 굳이 괜찮은 아이디어를 갖고 있는 사람과 작업하겠다는 생각도 하지 않는다. 포트폴리오 안에 눈에 띄는 것이 보여도 그 부분을 중요하게 보지 않는다는 말이다. 요행으로 어쩌다 좋은 것을 만든 것일 수도 있기 때문이다.

질 좋은 디자인은 많은 양의 디자인 속에서만 탄생한다. 좋은 디자인은 재능만으로 완성할 수 없다. 어느 정도 제작물의 양이 있고 디자인을 진심으로 좋아하는 사람이라는 걸 알 수 있는 열의를 본다. 무엇보다 가장 중요한 동기는 디자인을 좋아하는 마음이다. 그 정도로 좋아해야 할 수 있고 그래야 1년 내내 그것만 생각할 수 있다. 또 아무리 열의가 있고 작업한 제작물의 양이 많아도 업그레이드하지 않으면 아무 의미가 없다. 처음에는 서툴더라도 점점 발전하는 사람이 좋으며, 그런 사람은 미래가 기대된다.

어떤 일이든 클라이언트의 의도를 생각해야 한다. 클라이언트가 의뢰한 일을 그대로 진행하며 추가로 클라이언트의 말 자체가 정답일지를 생각해 본다. 그저 의뢰받은 대로만 작업을 진행하면 평생 본질을 파악할 수 없을 것이다. 이것은 디자인에 국한된 이야기가 아니라 모든 업무에 전반적으로 통용되는 사실이다. 상대방의 입장에서 생각하기에는 외부의 정보가 부족할 수도 있는데, 이런 정보는 외부가 아닌 내부에 있다. 이 부분을 얼마나 열심히 탐구했는가에 따라 성과는 달라질 것이다.

나는 편집자인 미노와 고스케의 온라인 커뮤니티인 미노와 편집실에 소속되어 다양한 디자인을 경험했다. 2018년 미노와 편집실의 멤버가 미노와 고스케를 주제로 만든 다큐멘터리 영화 〈미노와 다이리쿠〉를 제작했다. 이 영화는 크라우드 펀딩으로 자금을 조달했는데, 미노와 고스케에게 크라우드 펀딩에 관심을 끌만한 핵심 장면의 제작을 의뢰받았다. 내가 물어봤던 것은 미노와 고스케가 마지막 장면에서 피를 흘리며 죽는 장면 정도였다. 〈미노와 다이리쿠〉를 실제로 본 사람을 알겠지만 완성된 영화 속에서 피를 토하는 장면 같은

영화 〈미노와 다이리쿠〉의 크라우드 펀딩을 위한 주요 장면

건 없다. (웃음) 피를 토하는 장면은 사실 농담이다. 실제로는 진지한 다큐멘터리 영화였다.

이 영화는 크라우드 펀딩을 시작하기 전 단계에서 밀착 영상은 많이 찍었지만 영화의 형태는 없었고 가지고 있는 정보의 양도 너무 적었다. 그때 미노와 고스케의 각혈 장면이라는 말에서 힌트를 얻었다. 크라우드 펀딩이 추구하는 것은 'THE MOVIE'가 아닐까 하는 생각이 들었다. 미노와 고스케는 영화 〈아웃레이지Outrage〉(기타노 타케시 감독 겸 주연 영화로 야쿠자들의 거친 입담과 살벌한 액션이 담겨 있다)를 좋아하는데 그 이미지와 비슷할 것 같았다. 이를 토대로 디자인한 것이 위의 이미지로 보이는 핵심 장면이다. 각혈 장면은 미노와 고스케에게 힌트를 얻었지만 총, 마피아, 미녀, 폭파, 괴물, 공룡 등은 THE MOVIE라면 꼭 등장하는 키워드라서 이 요소를 함께 넣어봤다. 이 장면을 만들 때 필요한 건 리얼리티가 아니었다. 온라인 살롱online salon(살롱이라는 의미는 과거 상류 가정 응접실에서 흔히 열리던 작가, 예술가들을 포함한 사교 모임이다.

여기에서 파생된 살롱 문화가 최근 온라인상에서 활발한데 이를 온라인 살롱으로 부른다)에서 진지하게 영화를 만든다는 열의와 진정성, 대중적인 감각, 기대감이었다.

참고로 '다이리쿠'라는 타이틀에서 짐작할 수 있듯이 이 영화가 만들어진 계기는 유명한 텔레비전 방송의 패러디(일본 방송 MBS 다큐멘터리 프로그램인 〈정열대륙〉으로 각계의 대표 인사들을 밀착 취재한 다큐 형식의 프로그램으로 '대륙'을 일본어로 '다이리쿠大陸'라고 읽는 데서 착안한 네이밍)덕분이었다. 약간의 개그 요소를 넣어 봤다. 영화 제작을 진행하면서 제작진의 사기를 끌어 올리고 격려하고 싶었다. 미노와 편집실 밖에 있는 사람들에게도 우리가 얼마나 진심을 담아 이 영화를 만들었는지 알리고 싶었다. 영화 〈미노와 다이리쿠〉의 크라우드 펀딩은 목표액보다 훨씬 높은 300만 엔 이상의 지원을 받아 성공할 수 있었다. 물론 이 영화의 제작진과 미노와 고스케의 힘이 컸지만 숨겨진 의도를 헤아려 함께 만드는 영화라는, 마음을 담은 디자인을 만들었기에 가능했다고 생각한다. 상사나 클라이언트를 관찰하고 그들이 원하고 있는 숨겨진 의도를 생각해 보자. 이 방법은 일이나 과제를 대하는 마음가짐에도 적용할 수 있다.

◆

# 17. 디자이너인 당신의 기쁨은 무엇인가?

디자인을 시작한 지 3~4년 정도 되면 웬만큼의 디자인은 할 수 있게 된다. 대체로 디자이너들은 그다음 단계로 올라가는 것을 목표로 삼는다. 이때 기술이나 하고 싶은 것이 아니라 디자인을 통해 기쁨을 느끼는 것을 목표로 정하길 바란다. 당신은 디자인할 때 어떤 부분에서 기쁨을 느끼는가? 웹 디자인을 하고 싶다거나 패키지 디자인을 맡고 싶다는 등 대부분은 기술적인 측면을 이야기할 것이다. 하지만 나는 그것이 본질은 아니라고 생각한다. 내 경우는 기획을 세우고 번뜩이는 생각이 떠올랐을 때, 팀원과 함께할 때 즐거움을 느낀다. 서로 의견을 주고받으면서 커뮤니케이션을 하는 것이 즐겁기 때문이다. 단 이것은 내가 느끼는 기쁨일 뿐이고 같은 디자이너지만 전혀 다른 부분에서 즐거움과 기쁨을 찾는 사람도 있다.

클라이언트를 기쁘게 하는 것이 가장 즐겁다는 사람도 있고, 자기만의 목표를 설정해서 그 한계를 뛰어넘는 것을 좋아한다고 말하는 사람도 있다. 유명인과 함께 일하고 싶다거나, 자신의 성과를 알아봐주는 사람이 많을수록 즐겁다고 말하는 사람도 있다. 또 아이디어나 러프 디자인만 만들고 싶다는 사람도 있다. 하지만 이때 주의해야 할 것이 있다. 하고 싶은 일과, 즐거운 일은 전혀 다르지만 우리는 종종 이것을 착각한다. 중요한 것은 자신이 무엇을 좋아하는지 정확히 파악하고 디자인해야 훨씬 행복하다는 것이다.

이런 이야기를 하는 이유는 우선 디자이너라는 직업은 그만두는 사람이 많은 직종 중 하나이기 때문이다. 내가 다닌 오사카 예술 대학의 동기 중에서도 현재까지 디자인 일을 하는 사람은 30퍼센트 정도에 불과하다. 디자인 외에 달리 좋아하는 일이 생겨서 직종을 바꾸는 것이라면 나쁘지 않다. 하지만 자신에게 맞지 않는 디자이너 상을 목표로 정하고 도달하지 못하는 것에 절망해 그만두는 경우도 많이 본다. 이것은 정말로 안타까운 이야기이다. 다른 길을 찾기에는 아직 이르다. 당신은 그저 그 유형의 디자이너가 아니었던 것뿐이다. 세상에는 다양한 타입의 디자이너가 있다.

말은 이렇게 하지만 나도 예전에는 지금 같은 타입이 아닌 차분하고 깐깐한 스타일의 디자이너가 목표였다. 나만의 벽을 만들고 그것을 부수려 부단히도 노력했고 뛰어넘고자 애썼다. 그런 타입의 디자이너가 있는 회사로 이직하는 것도 생각했었고 당시에는 세미나에도 많이 참석했다. 하지만 내가 아무리 노력해도 내가 원하는 느낌의 디자이너 상은 될 수 없었다. 디자인의 기쁨을 느끼는 원천이 달랐기 때문이다. 그러나 나는 디자이너를 그만두지 않았다. 하지만 서른 살을 기점으로 확실히 전보다 능력이 떨어졌다는 느낌이 들었다. 디자인 작업은 빠른 편이었지만 기력이나 체력이 따라주질 못했다. 20대에는 회사에서 높은 자리에 오르기 위해 필사적으로 노력했다. 좋은 디자인을 만드는 데 많은 시간이 소요되어 아쉬웠는데 노력한 끝에 작업 시간을 단축할 수 있었다. 그렇게 열심히 노력하고 경험을 쌓자 디자인 작업 속도와 품질이 향상되는 것이 느껴졌다. 그러나 성장은 했지만 일이 즐겁지 않았고 새로운 자극을 받지 못했다.

회사를 그만두고 프리랜서가 된 후 미노와 편집실이나 마에다 디자인실 등 온라인 커뮤니티를 중심으로 일을 하게 되면서 업무 능력이 향상된 것이 느껴졌다. 하고 싶은 일이 계속해서 생겼고 손도 근질

거렸다. 20대 시절 그 이상의 감각이었다. 나는 지금이 가장 의욕이 높고 업무 능력 또한 이전보다 더 젊어졌다고 생각한다. 한마디로 나는 내 뇌가 즐거울 만한 일을 하는 것을 좋아한다. 가장 좋아하는 분야에서 계속 능력을 발휘하고 있기 때문이다. 조금 멀리 돌아오긴 했지만 내가 기쁨을 느끼는 길을 찾아 묵묵히 걸어온 덕분에 디자이너로서 체력을 회복할 수 있었다. 나는 스스로 점심시간 타입이라고 부른다. 점심시간에 동료들과 모여서 이야기를 나누거나 함께 하는 그 시간이 제일 즐겁다. 이건 아주 최근에 알게 된 사실이다. 젊은 디자이너라면 지금 당장 자신의 본질을 알 수 없어도 초조해하지 않길 바란다. 그것보다는 가끔은 멈춰서 내가 좋아하는 것은 무엇이며, 추구하는 기쁨은 무엇인지 생각해 보자. 숨을 돌려보면 반드시 능력을 키울 수 있는 길도 열릴 것이다. 그러니 꼭 해 보길 바란다.

## 18. 실패를 여러 번 경험해 보고 포기하는 법을 배우자

많은 사람이 성공을 경험해 보는 것이 중요하다고 말한다. 그렇지만 나는 성장하는 시기에는 무엇보다 실패하는 경험이 중요하다고 생각한다. 성공 경험은 만족감과 안도감을 주지만 어른이 된 이후에도 계속 성공만 맛보다 보면 쉽게 만족하고 멈추게 된다. 이는 변화의 원동력이 될 수 없다. 실패해 보면 내가 못하는 부분이 무엇인지 알게 되고 포기하는 것도 알게 된다. 정면 돌파하여 극복하는 것은 아니지만 다른 방법을 생각해 새로운 길을 여는 것이다. 재수생 시절 나는 색채 과제로 애를 먹고 있었다. 나 자신에게 화도 났지만, 색채 감각이 빵점이라는 현실을 받아들이기로 했다. 과제를 그대로 하는 것이 불가능하다는 것을 받아들이고 앞에서 이야기한 색채 구성 과제를 열심히 해서 기초 능력을 키워나갔다. 표현 방식을 여러 가지 버전으로 궁리하고 노력한 결과 무사히 대학에 합격할 수 있었다. 못하는 것은 포기함으로써 다음 단계로 나아갈 수 있었던 것이다. 나 또한 디자이너로서 실패하고 포기했던 경험이 많았다. 이미 언급했던 것도 있지만 포기한 다음에 대책을 세워 성공했던 나의 경험담을 몇 가지 예로 들어보겠다.

### (1) 웹 디자인 실패 → 아트 디렉터에 전념

신입사원이었던 2000년대는 종이에서 웹으로 바뀌는 전환기였다. 앞으로는 웹의 시대가 열려 종이 업무는 없어지는 시대가 온다고 하니 걱정이 많았다. 회사 일을 하며 웹 공부를 몰래 시작했다. HTML이나 어도비 드림위버 관련 책을 샀고 당시 유행했던 플래시Flash를 독학으로 만들기도 했다. 안타깝게도 책에 나와 있는 대로 코드를 써도 똑같이 재현할 수는 없었다. 슬라이드에 움직임을 넣으면 반드시 어딘가 맞지 않는 부분이 생겼다. 물론 한두 번이 아니라 몇 번이나 실패했다. 이때 나는 아쉽지만 웹 디자인과는 맞지 않는다고 생각했고 그 길로 그만두었다. 대신 웹이나 종이와 같은 매체와 상관없이 전체적인 방향을 잡아주는 아트 디렉터가 되겠다고 마음먹었다. 결과적으로 나는 현재 웹 디자인은 잘하지 못한다. 그 부분은 우수한 웹 디자이너에게 맡기는 대신 나는 디렉션을 담당하며 웹 관련 업무를 맡고 있다.

## (2) 혼자서 만화를 그리지 않기

만화가가 되겠다고 다짐한 적이 있었다. 어린 시절에 만화가인 도리야마 아키라를 동경했다. 하지만 만화가가 되고 싶다고 말하면 무시라도 당할까 싶어 마음속 깊은 곳에 간직한 채 입 밖으로 꺼내지 못했다. 그렇게 어른이 되고 디자이너가 된 지 20년이 지났지만 여전히 만화가를 향한 동경은 버리지 못했다. 우연한 계기로 편집자인 사도시마 요헤이가 내가 그린 만화를 편집해 주겠다고 나섰다. 이 말을 듣고 너무 기뻐서 만화가가 되겠다는 글을 트위터에 올렸고, 디자이너로서 고별 강연까지 강행했다. 디자이너는 은퇴하고 만화가로서 살겠다고 진심으로 생각했다.

그러나 현실은 그렇게 간단하지 않았다. 우선 나를 믿고 있던 클라이언트들에게 무례한 일이었다. 그 당시 내게 디자인 업무를 맡긴 클라이언트는 매우 당황했다. 당시 내 행동이 무책임했다고 반성하며 아래 직원을 고용했다. 디자인 업무를 조금씩 맡기고 만화를 그리는 시간을 늘려가는 방식으로 업무 방향을 수정했다. 또한 심리적인 문제도 있었다. 짧은 만화라도 좋으니 한번 그려보라는 사도시마 요헤이의 요청이 있어서 도전해 보았지만 아무리 노력해도 그림을 그릴 수 없었던 것이다. 괴로움에 몸부림치던 때 머리를 스치고 지나간 생각이 있었다. 나는 팀원들과 함께 만들어 나가는 일을 좋아했기 때문에 홀로 고독감과 싸워가며 만화를 그리는 일은 맞지 않았다. 이러한 이유로 혼자 만화가가 되겠다는 생각은 포기했다. 대신 아직 실행으로 옮기지는 않았지만, 팀으로 만화를 만들어야겠다고 결심했다.

여기까지 내 실패담을 들은 소감이 어떠한가? 그 당시는 할 수 없다는 사실에 낙담했지만 실패를 인정하고 포기하는 것이 중요하다. 프리랜서가 된 후 많은 젊은 디자이너와 만났다. 생각보다 자존심이 너무 강해서 포기를 받아들이는 것이 쉽지 않다는 사실을 알게 되었다. 현실을 인정하는 일은 나 또한 괴로웠다. 하지만 현실은 틀림없는 정답이고 그것을 직시하지 않으면 앞으로 나아갈 수 없다. 현실을 깨닫고 앞으로 어떻게 해야 할까, 사서 걱정하는 일을 그만둔다면 반드시 새로운 길이 열릴 것이다.

◆

## 〈휴먼 스케일human scale을 이용하자!〉

디자인을 할 때는 만드는 물건의 크기를 의식해야 한다. 같은 조형이라도 크기에 따라 표현 방법에 큰 차이가 있고 여백도 하나의 디자인이 되기 때문이다. 인쇄물은 반드시 제품과 똑같은 크기로 출력해서 표현 방법을 조정해야 한다. 디자이너는 항상 완성된 실물 크기를 생각해야 하는데, 이때 줄자나 자로 크기를 재는 일은 흔하다. 하지만 나는 자를 이용하는 것보다 눈대중을 기르는 일에 집중했다. 내 손가락의 검지와 중지 사이는 대강 10센티미터이다. 팔의 길이가 90센티미터이므로 양손을 똑바로 평행으로 펴면 약 2미터 정도가 나온다. 크기를 가늠해야 하는 순간이 오면 나는 신체를 사용한 휴먼 스케일을 활용한다. 이 방법은 작업을 실용적으로 진행시킬 뿐만 아니라 조형의 크기를 파악하는 데 민감해지는 일종의 조형 시력으로 작용한다. 나는 디자인 크기의 100퍼센트와 101퍼센트의 차이를 바로 알아차릴 수 있게 되었다. 폰트의 세로의 폭이 크다면 그것 또만 예민하게 바로 알아볼 수 있다. 평소에 조형 감각을 키웠기 때문에 가능한 일이다. 꼭 신체를 사용해서 크기를 재는 습관을 들여보길 바란다.

# 19. 프레젠테이션은 러브레터

디자인과 프레젠테이션은 일심동체이다. 아무리 좋은 디자인이라도 클라이언트가 원하는 목적에 맞지 않는다면 의미가 없다. 클라이언트의 마음을 움직이려면 프레젠테이션에서 청사진을 보여줄 수 있어야 한다. 나는 닌텐도 시절부터 프레젠테이션과 자료를 만드는 방법을 연구했다. 덕분에 현재 나의 클라이언트들 대부분은 프레젠테이션이 매번 재미있었다고 말한다. 나는 말주변이 없는 편이지만, 프리랜서가 된 이후 토크 이벤트와 강의를 많이 하게 되었다. 사람들 앞에서 이야기할 기회가 늘어나면서 지금은 조금 익숙해졌지만, 매번 강의가 끝나고 나면 좀 더 조리 있게 말할 수는 없었는지 하는 아쉬움이 남았다.

말주변이 부족하다는 걸 잘 알고 있어서 초창기에 프레젠테이션을 할 때는 화술로 승부를 볼 생각은 접어두었다. 대신 기획과 디자인 자료로 승부를 볼 생각이었다. 스토리는 물론 사용하는 폰트, 글자 크기, 흑백이나 컬러 작업 등 여러 가지 방법을 시도했다. 지금도 제안 자료를 꼼꼼하게 준비하며 중요한 것은 테크닉보다 상상력이라는 것을 배웠다. 구체적인 사례를 몇 가지를 소개하겠다.

◆ **인턴 학생들이 제안한 212개의 디자인 로고 아이디어**

마에다 디자인실에서 만든 《마에본》이라는 잡지의 제작비는 크라우드 펀딩으로 모았다. 크라우드 펀딩은 후원자들을 위해 사인을 해주거나, 크레딧 부분에 이름을 넣어주는 등 '리턴' 내용을 보고 출자

◆

자가 투자하는 구조이다. 투모로우게이트TOMORROWGATE는 채용 사업을 도와주는 회사로 대표인 니시자키 코헤이는 마에다가 로고 디자인을 해준다는 리턴 중 하나를 서포트했다.

니시자키 코헤이는 새롭게 런칭 예정인 채용 사이트 워키WORKEY의 로고 디자인을 의뢰했다. 새로운 채용 사이트인 만큼 제안 방법을 고민했다. 처음에는 내가 디자인한 로고를 준비했다가 방법을 바꾸었다. 워키는 기업과 학생들을 연결하는 서비스를 지원하기 때문에 마에다 디자인실에 학생들을 인턴으로 참여시켰다. 취업 활동과 가까운 세대의 감성과 아이디어를 토대로 로고 디자인을 만들었고, 우리 회사의 초졸 사원과 내가 피드백을 진행했다.

학생들은 직접 로고를 만들어 보며 실제 현장을 체험할 수 있었고, 우리 회사 직원들은 지도 경험을 쌓을 수 있어서 일거양득이었다. 워키도 이제부터 시스템을 만들어가는 서비스인 만큼 내가 로고 디자인을 만들어 결정하는 것보다는 다양하게 살펴보고 학생들의 아이디어를 참고하는 것이 훨씬 좋다고 말했다. 이렇게 해서 만들어진 디자인은 총 212개였다. 많은 양의 아이디어가 모이자 니시자키 코헤이는 놀라면서 기뻐했다. 나는 투모로우게이트가 창조적인 일에 관심이 많다는 것을 어느 정도는 알고 있었다. 반응을 보니 승산이 있다는 느낌이 들었다.

◆

212개의 디자인 중 일부

212개의 디자인 중 선정된 몇 개의 디자인

우리가 만든 완성품을 보여주며 끝내는 일반적인 흐름보다는 다양한 디자인을 보여주어 방향성을 함께 찾는 방법을 선택했다. 투모로우게이트 측이 진행하면서 참고할 만한 디자인을 제안하는 편이 좋겠다고 판단했다.

## ◆ 즐겁게 읽히는 제안서

작가인 기시다 나미의 전자 상거래electronic commerce 사이트인 기시다 마누케 상점의 로고 디자인을 맡게 되었다. 로고 디자인은 기시다의 성격을 참고하여 만들어졌다. 그녀의 글을 읽어본 적 있는 사람이라면 잘 알 것이다. 기시다 나미의 에세이는 절로 웃음이 흘러나오는 유머가 곳곳에 숨어 있다. 그녀는 다른 사람의 글을 읽는 것도 좋아했다. 2020년에는 '키나리하이(키나리컵)'라는 문장 콘테스트를 주최했는데 4,200개가 넘는 블로그 기사가 모였다. 그녀는 모든 글을 읽고 수상작을 결정했다고 한다. 재밌는 글을 쓰는 것도 좋아하지만 읽는 것도 매우 좋아하는 사람이다. 기시다 나미의 전자 상거래 사이트의 로고 디자인을 담당하게 되었을 때 그녀가 가지고 있는 독특한 특성을 파악하여 제안 자료도 열심히 준비했다. 기시다 나미에게 말을 거는 것처럼 아주 소소한 이야깃거리를 곳곳에 숨겨놓았다. 재미는 둘째였고 제안서를 마치 칼럼을 쓰는 것처럼 만들었다.

작가 기시다 나미의 '기시다 마누케 상점'의 로고 디자인 제안 자료

좀 더 설명하면 바로 이 부분이 가장 중요한 핵심이 된다. 평소에는 재밌는 것을 좋아하지만 클라이언트에게 제출하는 제안서만큼은 더욱 꼼꼼하고 진지하게 설명한다. 이번에는 기시다 마누케 상점이라는 그녀만의 이미지를 살려 제안서 내용과 디자인을 일치시켰다.

### ◆ 알리고 싶은 것이 있다면 신중하게 이야기하기

어느 날 마에다 디자인실의 멤버인 이와사 유리코에게 연락이 왔다. 교자(만두) 브랜딩 일을 맡았는데 내가 생각났다고 말했다. 한 번쯤 같이 일해 보고 싶었는데 이 기회에 함께 일해 보지 않겠냐는 제안을 해 주었다. 나는 그 자리에서 바로 수락했다. 클라이언트는 주식회사 쓰쿠젠이었다. 홋카이도 특산물로 쟈가부타(돼지감자) 등을 만드는 기업이었다. 쓰쿠젠 사장의 아들이자 이사인 쓰쿠다 타카시는 가업을 물려받아 홋카이도로 이주한 직후였다. 쓰쿠다 타카시는 쟈가부타 이외의 히트 상품을 만들고 싶어 했다. 후보 제품 중에 교자가 있었다. 이전부터 쟈가부타 교자(돼지감자 만두) 제품을 개발해 두었으나 여러 사정으로 제품 홍보를 하지 못하고 있었다. 쟈가부타 교자는 육즙이 흘러나올 정도로 내용물이 알차고 쫄깃쫄깃해서 맛이 좋았다. 쓰쿠다 타카시는 이 제품에 주목했다. 쟈가부타 교자를 좀 더 고급스럽게 만들어 판매하기 위해 맛과 만두피를 연구했다고 했다. 회사가 홋카이도의 미야노사와에 있어서 판매 초기에는 '미야노사와 교자'라는 이름으로 불리기도 했다.

그러나 아무리 고민해도 제품에 딱 맞는 디자인이 떠오르지 않았다. 이렇게 디자인이 잘 풀리지 않을 때는 콘셉트를 확인할 필요가 있다. 처음부터 다시 시작해 공감할 수 있고 널리 알릴 수 있는 기억하기 쉬운 이름과 디자인으로 바꾸기로 했다. '타카시 교자'라는 네이밍으로 변경하는 것도 포함하여 제안했다. 쓰쿠다 타카시가 직접 구상한 이름과 판매 계획을 완전히 바꾸는 일이었기 때문에 타당한 이유를 차근차근 진심을 담아 전달해야 했다. 근거를 대며 설명해야 상대방에게 실례가 되지 않기 때문이다. 왜 '타카시 교자'라는 이름을 선택했는지 설명하는 프레젠테이션을 진행했고 제안은 무사히 통과될 수 있었다. 때마침 쓰쿠다 타카시의 부인이 우연히 '타카시 교자'라는 이름은 어떠냐는 이야기를 했던 적이 있다고 말해주었다. 똑같은 이름을 제안해 주어 무척 마음에 들었다고 했다.

◆

쓰쿠젠의 신제품 '타카시 교자'의 네이밍과 디자인 제안 자료

그냥 팔기에는
이미 '쟈가부타 교자'가 있습니다.

공감을 토대로 파는 건 어떨까요?

세 가지 포인트

・これからの SNS 時代の売り方
・この餃子はその方が合っている
・これまでと違う層にリーチできる

원래 비슷한 제품

同じことをしても仕方がないし、
存在価値としても弱くなってしまいます。

今回のプロジェクト

眠っていた商品「じゃが豚餃子」を起こす。

초심으로 돌아가 봅시다.
もともと、なんのために始まったプロジェクトか？

그래서

父が作った「餃子」。
京都から美味しさを探求し北海道にたどり着いた父。
餃子をベースに今回の提案を築き上げた。

餃子である黄沼さんが入社した。

綾乃さんとともに
これからがんばっていく決心をした。

これからの提案をささえていくために。

父が作った「餃子」が眠っていた。それをもう一度起こす。
その最初の一歩がこの「餃子」である。

北海道から「驚き」を食卓へ。

이런 건 어떨까요?

이건 전혀 상관없는 여담이지만 내 이름도 '타카시'였기에 더 기뻤다. 프레젠테이션은 그저 만든 디자인을 선보이는 자리가 아니다. 나는 프레젠테이션을 러브레터라고 생각한다. 상대방에게 의도가 확실히 전해질 수 있게 여러 가지를 고심한다. 이 또한 여담이지만《마음을 사로잡는 초언어술心をつかむ超言葉術(국내 미출간)》의 저자이자 덴쓰의 카피라이터인 아베 코타로도 '모든 기획서는 러브레터'라고 이야기한 것을 발견하고 기뻤다. 그가 우리 커뮤니티의 이벤트 게스트로 왔을 때 가지고 온 자료는 그야말로 러브레터 그 자체였다. 나와 아베 코타로가 다루는 대상은 서로 달랐지만 소중하게 여기는 마음은 똑같았다. 이 일을 수락한 경위, 상대방의 의뢰 내용, 상황을 파악하여 제안한다. 그리고 클라이언트에게 딱 맞는 것은 무엇인지 고민한다. 클라이언트가 나에게 바라는 것은 무엇인지, 디자인으로 어떻게 상대방을 행복하게 만들 수 있는지를 실현하기 위해 디자이너는 끊임없이 상상력을 갈고닦아야 한다.

# 20. 디자인하기 전에 프레젠테이션을 미리 생각하자

대학과 전문학교에서 강사를 하고 있을 때의 일이다. 결과물에 대한 프레젠테이션이 시작되었을 때 학생 대부분은 완성된 디자인의 외견만을 설명했다. 학생들은 프레젠테이션에서 무엇을 말해야 하는지 모르겠다고 말했다. 겉모습에 대한 설명은 완성된 작품을 보면 어느 정도 알 수 있다. 학생들에게 프레젠테이션에서 왜 이렇게 만들었는지, 작품을 만들게 된 배경과 경위를 설명할 수 있어야 한다고 말했다. 당신이 만든 디자인을 말로 얼마나 잘 옮길 수 있는가? 자신이 만든 디자인에 할 말이 없다는 것은 디자인의 배경이나 경위가 없다는 의미다. 뚜렷한 목표도 없이 어쩌다 보니 완성되어서 만들어진 디자인이라 할 말이 없는 것이다. 크리에이티브는 생각한 양과 질에 비례한다. 어쩌다 보니 만들어졌다는 것만큼 잘못된 디자인은 없다.

디자인은 누군가에게 선물한다는 생각으로 만들어야 한다. 디자인하기 전에 프레젠테이션 자료를 미리 만들어 두는 방법도 좋다. 그러면 디자인하는 속도와 퀄리티가 자연스럽게 업그레이드된다. 프레젠테이션을 할 때는 생각했던 과정을 설명할 수 있어야 한다. 참고로 나는 디자인 작업을 하게 되면 먼저 어도비 일러스트레이터를 열고 대상이 되는 디자인에 관한 키워드를 나열한다. 갑자기 스케치북을 열어 손으로 생각나는 대로 스케치하지 않는다. 물론 이것은 취향의 문제이기에 정답이 정해져 있는 것은 아니다.

메모나 키워드를 써서 일러스트레이터의 화면에 정보를 정리

　이때 작성한 것은 정리가 전혀 안 된 메모에 불과하지만, 언어화되어 있어서 프레젠테이션 자료를 만들고 있는 것과 마찬가지이다. 이러한 방식으로 정보를 정리하고 시각화하는 습관을 갖는다면 프레젠테이션 실력이 더 좋아질 것이다. 나 역시 닌텐도 시절에는 말주변이 없어서 프레젠테이션을 할 때마다 우물쭈물하며 작아지는 경험을 많이 했다. 내 경우는 비주얼로 표현하는 것은 문제 없었지만, 머릿속에 있는 생각들을 말로 표현하는 것이 어려웠다.

　그만큼 깊이 생각하고 그것을 말로 확실하게 정리해 두는 것이 중요하다. 이러한 의미에서 프레젠테이션을 먼저 한다는 생각으로 미리 자료를 만들어 두는 것은 매우 좋은 습관이다. 아마존에서는 어떤 새로운 기획을 시작할 때 가장 먼저 보도 자료를 만든다고 한다. 그 제품이 어떠한 물건이며, 왜 나와야 하는지를 먼저 글로 써 보는 것이다. 프로젝트를 진행할 가치가 있는지 판단하는 기준이 된다고 한다.

　온라인 커뮤니티 마에다 디자인실에서는 제품을 만들 때 종종 크라우드 펀딩으로 자금을 조달한다. 프로젝트 개발 단계에서 크라우드 펀딩의 프로젝트 기획 페이지를 만들어야 한다. 프로젝트의 전체적인 설계도이기 때문에 이 부분은 꽤 중요한 공정이다. 프로젝트와 규모에 따라 제각각이지만 100만 엔이 넘는 금액이 필요할 때도 있다. 커뮤니티에서 제품을 만들기 때문에 때로는 100명이 넘는 구성원이 참여하여 제품 하나를 만드는 때도 있다.

우리가 왜 이것을 만들게 되었는지, 어떻게 만들 것인지, 만든다면 어떻게 진행할 예정이고, 회사에 어떤 효과를 줄 것인지 이른바 5W1H(육하원칙) 법칙을 이용해 구체적으로 언어화한다. 구성원들끼리도 생각을 공유하기 쉬워지고 당연히 프로젝트를 지원해 주는 후원자에게도 제작 의도를 쉽게 전달할 수 있다. 디자이너는 최종적으로 만들어진 결과물로 승부를 보는 사람이다. 이야기를 길고 장황하게 한다고 해서 항상 잘 전달되는 것은 아니다. 프레젠테이션 안에는 배경과 경위가 제대로 담겨 있어야 한다. 그렇지 않으면 깊이가 없고 겉만 번지르르한 디자인이 되기 쉬워 새로운 느낌을 주지 않는다. 이런 의미에서 프레젠테이션을 먼저 한다는 생각으로 작업물을 보는 것은 어떨까?

## 21. 기다리지 말고 먼저 만들고 싶은 것을 만들자

　디자이너로서 전환기를 맞은 작업 중 하나는 닌텐도 입사 4년 차에 만들었던 채용 포스터였다. 마리오 캐릭터에게 취업용 정장을 입히고 텍스트를 최소한으로 줄였다. 개인적으로 생각하는 획기적인 작업이었다. 디자이너라면 누구나 꿈꾸는 획기적인 포스터를 만들고 싶다는 마음을 어떻게든 실현하고 싶었다. 광고 포스터가 아닌 예술적인 디자인을 만들고 싶었지만 나 같은 신입 디자이너에게 그런 안건을 맡길 리가 없었다.

　그러던 어느 날 나에게도 기회가 생겼다. 내가 소속된 팀은 닌텐도의 회사 안내 책자나 투자가용으로 배포하는 연차 보고서annual report 등을 만들었다. 매년 회사 안내 기획안을 생각했고 그것을 프레젠테이션했다. 취업 시즌이 찾아오면 이번에 입사하는 사람들은 어떤 해에 태어났고, 어떤 세대일까 매일 생각했다. 그렇게 2005년에 입사하는 사람들은 딱 패미컴famicom(닌텐도에서 1983년에 만든 콘솔 게임기)이 세상에 나왔을 무렵에 태어난 세대라는 것을 알게 되었다. 마리오가 취업용 정장을 입으면 어떨까 생각하게 되었다. 회사가 요구한 업무는 어디까지나 회사 안내 책자를 만드는 것이었고, 이미 콘셉트도 정해진 상태였기에 취업용 정장을 입은 마리오는 거기에 맞지 않았다. 좋은 디자인이 떠올랐지만 내가 만든 디자인이 뽑히지 않아도 괜찮다고 생각했다. 그저 다른 사람에게도 보여주고 싶은 마음에 무작정 일단 만들어 보기로 했다. 나는 비밀리에 포스터 제작을 진행했다.

**취업용 정장을 입은 마리오의 포스터**

사내 회의 당일 나는 그해의 회사 안내 책자를 프레젠테이션한 다음 작업한 포스터 이야기를 꺼냈고 그 결과 내가 비밀리에 만들었던 디자인이 채택되기에 이르렀다. 창작하는 일에 관심을 가지고 있는 사람들의 이목을 끌고 싶었기에 자유롭게 디자인했고 인쇄 작업 역시 신경 썼다. 종이는 까칠까칠한 전통 종이 같은 마분지를 사용했고 오프셋 인쇄offset printing(인쇄판 면에서 잉크 화상을 고무 블랭킷에 전사하여 종이에 인쇄하는 방법)로 진행해서 가능하면 진하게 인쇄하고 싶었다. 덕분에 포스터컬러 같은 선명한 색이 나왔고 마치 한 장의 그림처럼 완성되었다. 이 포스터가 게시된 미술 대학교에서 참고 작품으로 쓰고 싶은데 몇 장 보내줄 수 있냐는 연락이 올 정도로 주목받았고, 그 덕분에 뉴욕 ADC상The ADC Annual Awards에 입상할 수 있었다.

ADC상은 디자이너라면 누구나 동경하는 전 세계에서 가장 역사가 오래된 국제적인 광고상이다. 미술품과 마찬가지로 엄격한 기준으로 광고를 심사한다고 알려져 있다. 서른 살 전에는 꼭 받고 싶었던 상이었기에 수상 소식을 전해들었을 때 굉장히 기뻤다. 드디어 디자이너로서 입지를 다졌다고 생각한 순간이라 지금도 선명하게 그날의 감정을 기억한다. 이 포스터의 발상은 내가 만들고 싶었던 디자인에서 출발했다. 반드시 이런 생각이 아니더라도 이렇게 하면 훨씬 편리하지 않을까, 좀 더 잘 팔리지 않을까, 하는 시선을 바탕으로 제안해보는 것도 좋은 방법이다.

내가 만든 CD 크기의 미니 팸플릿이 있다. 입사하고 정신없이 바쁜 것이 지났을 무렵 가만히 쉬는 성격이 못 되는 나는 어느 날 가전제품 매장을 방문했다. 게임 큐브GameCube 판매장에 들러 매장에서 POP 광고point of purchase advertisement(판매점 주변에 전개되는 광고와 디스플레이류 광고)를 보았다. 홈페이지 화면을 가정용 프린터로 출력하여 해상도가 많이 떨어지는 광고물 때문에 상품이 전혀 매력적으로 보이지 않았다. 그것을 충분히 디자인으로 활용할 수 있을 것 같아 고민에 빠졌다. 회사로 돌아가 멋대로 CD 크기의 미니 팸플릿을 만들어 제안했다. 가전제품 매장을 직접 둘러보며 느꼈던 것들도 함께 설명했다. 결과는 성공적이었고, 곧바로 제작에 들어갈 수 있었다.

스스로 문제점을 찾아 제안했고, 좋은 결과를 얻을 수 있었다. 이는 내가 하고 싶은 일이었던 만큼 최선을 다했기에 가능한 것이었다. 만약 다른 사람에게 의뢰받은 일이라도 내 것으로 만들면 그 또한 내 기획이 된다. 맡은 일을 얼마나 자신의 것으로 만들 수 있느냐에 따라 재미가 달라진다. 하고 싶은 것이 있다면 자유롭게 많이 제안하고, 최선을 다해 내 것으로 만들자.

## 22. 가르치는 일도 디자인이다

2016년 닌텐도를 퇴사했을 무렵 우연히 옛 지인에게 연락이 왔다. 전문학교 HAL에서 근무하고 있던 다테이시였다. 그녀는 재수생 시절부터 알고 지내던 사이로 내가 닌텐도에서 일할 무렵부터 강사를 해달라고 제안해왔다. 그 당시에는 회사의 허락을 받는 일도 어려웠을 뿐만 아니라 남들 앞에서 이야기하는 것도 힘들었다. 회사의 다른 직원들에게도 설명하는 것을 어려워 하는 내가 강의를 한다는 건 무리라는 생각 때문에 정중하게 거절했다.

내가 닌텐도를 그만둔 것을 기회라고 생각한 듯 다시 HAL에서 꼭

◆

강의를 해달라고 연락을 주었다. 사람들 앞에서 말하는 것이 서툴다는 생각은 변함없었지만 퇴사 이후 조금이라도 정기적으로 돈이 들어오면 감사한 일이었다. 또 강사를 하고 있다고 말하면 주위 평가도 높아질 것 같아 비로소 수락했다. 당시 나는 아는 것이 하나도 없어서 프리랜서 업계에서 위축되어 있었는데 내게 다테이시는 마치 신처럼 보였다. HAL에서 했던 강의 내용은 나중에 이야기하겠지만 그 이듬해는 모교인 오사카 예술 대학의 강사 자리를 소개받았다. 재학 중에 신세를 졌던 교수님이 시간강사 자리를 권유해주셨는데 이 또한 너무 감사한 마음에 곧바로 수락했다.

대학에서는 1~2학년의 수업을 담당했는데 꽤 힘들었다. 어느 대학이나 똑같겠지만 대학교 1~2학년이라면 한창 놀고 싶을 때라서 수업에 들어오지 않는 학생도 많았다. 3~4학년이 되어서야 취업 활동으로 발등에 불이 떨어진다. 나도 그중 하나였다. 그 시절을 살았던 사람들은 모두 비슷할 것이다. 하지만 막상 학생 때와 반대의 상황이 되어 보니 가르치는 것보다 어려운 일은 없는 것처럼 느껴졌다. 공부할 마음이 없는 학생들에게 디자인을 가르치고, 수업을 듣게 하려면 어떻게 해야 하는지 진지하게 여러 방면으로 고민했다.

처음에는 1학년에게 물감 재료를 다루는 방법을 가르쳤다. 기존 커리큘럼이 아크릴 물감을 사용해 색을 사용하는 수업이었기 때문이다. 나는 학생들이 조금이라도 이 수업의 뜻을 이해하길 바라는 마음에 내가 하는 업무의 내용과 지금까지 만났던 디자이너들의 이야기를 들려주었다. "컴퓨터로 일러스트레이터를 사용해서 디자인을 만들면 나이에 상관없이 디자이너가 될 수 있습니다. 하지만 훗날 디자이너로서 좀 더 실력을 쌓고 싶다는 마음이 들었을 때 아크릴 물감을 사용해서 기초 다졌으면 더 좋았을 거라며, 후회하는 날이 반드시 옵니다. 물론 나이에 상관없이 언제라도 물감을 다루는 방법은 공부할 수 있습니다. 하지만 업무에 치이는 상황에서 일부러 시간을 할애해 공부하기란 쉽지 않죠. 아크릴 물감을 사용해야 하는 과제가 귀찮을 수도 있겠지만, 틀림없이 기초실력이 좋아질 겁니다. 지금 이 과제를 확실하게 해낸다면 이 수업을 듣는 학생들은 나중에 후회하지 않을 것입니다"라고 이야기했다.

2학년은 포토샵이나 일러스트레이터를 사용해 전철 안의 나카즈리(전차·버스 따위의 중앙 통로 천장에 매단 광고) 광고 포스터, 3단 접지 팸플릿, 게임의 UI를 만드는 실무적인 수업을 진행했다. SUZURI라는 웹 서비스에서 자신만의 가게를 만들어 디자인한 것을 팔아보는 훨씬 실천적인 과제를 내주기도 했다. 학교의 커리큘럼은 정해져 있었지만 직접 가르치는 데 의의를 두고 싶었기에 과제를 조금 변형했다. 이렇게 나와 학생들의 의욕을 끌어올릴 수 있는 여러 방법을 고안했다. 디자인을 가르치는 일은 내겐 큰 경험이었다.

HAL에서는 초반에 인쇄 회사에서 전문적으로 인쇄의 모든 공정의 역할을 하는 DTP<sup>DeskTop Publishing</sup>(개인용 컴퓨터와 주변기기를 이용하여 출판물을 제작하는 것)를 가르쳤다. 2년 차 이후에는 아트 디렉션을 가르쳤는데 이것도 나름대로 방법을 변형하여 수업했다. 아트 디렉션이란 무엇인지부터 시작해 앞으로의 디자인 활동에 도움이 될 만한 과제를 고안해서 이 책에 수록된 워크<sup>WORK</sup>를 만들었다.

1학기 내내 아트 디렉션이 무엇인지 가르치기 위해 사례를 모으는 과제를 냈는데 인터넷 사용은 금지시켰다. 검색하면 비슷한 사례의 영상이 나왔기 때문이다. 그보다는 거리를 걸으며 세상에 있는 다양한 디자인을 픽업하고 어떻게 아트 디렉션이 되었는지 생각해 보는 과제를 주었다. 괜찮은 디자인을 수집하는 과제도 냈었는데 책에 수록된 워크2에 있는 '디자인 예시를 1,000개 모으자!'라는 부분을 참고하길 바란다. 디자이너는 나 자신을 이해하지 못하면 좋은 디자인은 만들 수 없다. 내가 어떤 디자인을 좋아하는지 알기 위해 좋다고 생각하는 디자인을 모으고 어떤 점이 좋았는지 언어화해 보는 것은 앞으로의 발전에 많은 도움이 된다. 학기 말의 수업은 본인이 만든 가상의 회사 로고를 만들고 아트 디렉션을 하게 했다.

2학기에는 감각이 좋은 디자인을 모으거나 팀원들의 동기부여에 도움이 되는 광고를 만들거나, 세련된 티셔츠 디자인을 생각해 보는 시간을 가졌다. 이는 감각을 직접 느껴보기 위한 수업이었다. 이 수업은 결과물보다는 생각하는 습관을 기를 수 있게 의도한 것이다. 이 책에서 몇 번 언급했지만 디자인은 사고와 조형의 조합이다. 그중에서도 사고를 기르는 수업을 진행했다. 아트 디렉션은 사고의 비율이 높기 때문이다. 이 수업을 3년 동안 담당했는데, 나 또한 아트 디렉션이 무엇인지 언어화할 수 있던 좋은 기회였다.

HAL과 오사카 예술 대학 모두 2020년에 강사직을 그만두었다. 학교 측에 죄송했지만 내 일에 더욱 집중하기 위해 내린 결정이었다. 학생들을 가르치는 일은 즐거웠다. 앞에서 말했듯이 내가 하는 일을 언어화할 수 있었고, 무엇보다도 학생들의 성장을 바로 눈앞에서 지켜보는 일은 감동적이었다. 또한 다양한 사람들을 만난 덕분에 전문 학교 강사 시절의 제자인 요시다를 우리 회사의 직원 1호로 채용할 수 있었다. 시간이 많아진 만큼 새로운 일을 시작할 수 있었다. 기업의 크리에이티브 디렉터로 일하면서 기업 한 곳과 끈끈한 관계를 맺어보기도 하고, NASU에서 새로운 커뮤니티 사업을 시작하기도 했다. 강사 일은 그만두었지만 학교에 미련이 없는 것은 아니다. HAL에도 특별 강사로 다시 가고 싶고 모교인 오사카 예술 대학에서 객원 교수 등의 오퍼가 올 수 있는 영향력 있는 사람이 되겠다는 목표는 여전히 가지고 있다.

## 23. 콘셉트는 마패<sup>馬牌</sup>와 같다

주식회사 코르크의 고바야시라는 디자이너가 있었다. 그녀는 코르크의 회사 책자<sup>Corporate Book</sup>를 만들게 되었다. 회사 안내 책자는 많은 사람이 관심을 가지기 때문에 정말 다양한 사람들이 아이디어를 낸다. 나도 닌텐도에서 안내 책자를 만드는 부서에 있어서 잘 알고 있다. 젊은 디자이너일수록 흔히 자신이 만든 디자인에 빠져들기 쉽다. 아무리 좋은 아이디어를 들어도 내가 만든 것이 훨씬 좋다고 고집을 부리기도 한다. 부끄러운 이야기지만, 나 또한 그런 때가 있었다. 아마도 디자이너라면 누구나 겪는 시기일 것이다. 하지만 이것은 잘못된 방법이다. 디자인은 디자이너가 아닌 클라이언트의 것이다. 디자인은 모든 사람을 위해 만드는 것이므로 정답은 상대방의 마음속에만 존재한다.

누군가의 피드백이 계기가 되어 디자인이 더 좋아지는 경우도 있지만, 미숙한 디자이너는 다양한 의견들을 모두 반영하려는 나머지 어떤 디자인인지 알 수 없게 망쳐버리는 경우도 있다. 때로 시간이 부족해 마감 기한에 쫓기는 때도 있다. 젊을 때는 역량이 부족하기 때문에 이러한 실수를 많이 했다. 참고로 닌텐도는 디자이너는 물론이고 다른 부서의 사람들도 창작물에 각자의 취향이 강한 회사였다. 디자이너가 아니더라도 이렇게 하면 어떨까, 저렇게 하면 어떨까, 의견이 난무하는 것이 일상인 곳이다. 다른 말로 하면 직종에 상관없이 창조적이라는 의미다. 지금 돌이켜 보면 굉장히 좋은 환경에서 일하고 있었다는 생각에 뿌듯해진다.

요구사항을 듣고 정리하는 것이 아트 디렉터의 업무이다. 조언이나 요구사항 하나하나를 듣고 고심하여 디자인의 의도를 설명하여 관계자의 이해를 돕는다. 단순히 설명만 하는 것이 아니라 상대방이 완벽하게 이해할 수 있도록 자료를 준비한다. 나는 모든 사람이 이해하고 공감하는 절대적인 것을 시대극에 나오는 '마패馬牌'라고 부른다. 시대극을 보면 어떤 사람에게든 마패를 보여주면 상대방이 마패를 알아보고 놀라는 장면이 등장한다. 아트 디렉터는 무엇을 중요하게 볼 것인지 결정하는 사람이다. 중요한 것은 바로 디자인의 콘셉트인 마패이다. 이것을 미리 정해놓지 않으면 상대방이 이해하기 어렵고 결국, 좋은 디자인으로 만들 수 없다.

조금 전까지 이야기했던 코르크의 사례로 다시 돌아가 보자. 코르크는 크리에이터를 매니지먼트 하는 회사이다. 그만큼 모든 직원이 어느 정도 고집이 있고 애사심이 강하다. 직원들 모두 자기 일처럼 열정적으로 안내 책자에 대한 다양한 의견을 냈다. 다수의 의견을 받아들여 하나로 정리하려면 그만큼 강력한 콘셉트가 필요했다. 어느 날 코르크라는 회사명은 시간이 지나면 가치가 높아지는 와인처럼, 좋은 콘텐츠를 후세에 남기겠다는 의미에서 만들어졌다는 걸 알게 되었다. 이러한 요소는 지금 진행 중인 디자인에는 없는 것이었다. 나는 고민에 빠진 고바야시에게 이 책의 목적은 코르크의 미션, 비전, 가치를 개정한 것이지 창업과 관련된 것은 메인 이미지가 아니라고 말해 주었다. 바로 이 부분이 작업의 핵심 콘셉트가 되었다. 이렇게 설명하면 이 의견을 내준 사람도 이해할 것이다.

다시 사례 하나를 들어보겠다. 2015년에 나는 슈퍼 마리오 30주년의 로고 디자인을 담당하게 되었다. 30주년인 만큼 어설프게 만들 수는 없는 노릇이었다. 앞에서도 언급했지만 닌텐도는 사내 디자이너의 수도 많았지만, 디자이너가 아닌 사람도 디자인에 관심이 많았다. 마리오는 전 세계에 팬을 가지고 있었기 때문에 모두 인정할 만한 디자인을 만들고 싶었다. 슈퍼 마리오의 기념 로고는 20주년, 25주년일 때도

슈퍼 마리오 30주년 기념 로고

담당했었지만 그때와는 완전히 다른 디자인을 만들고 싶었다. 그 무렵 판매 시기가 가까웠던 새로운 게임 소프트 '슈퍼 마리오 메이커SUPER MARIO MAKE'의 요소를 집어넣으면 홍보가 되겠다고 생각했다. 요소를 넣어 만든 것이 다음의 디자인이다. '슈퍼 마리오 메이커'는 슈퍼 마리오 시리즈의 코스를 자유롭게 설계할 수 있는 게임이다. 이 게임 자체가 슈퍼 마리오 시리즈 30주년 기념으로 발매된 것이어서 로고 역시 마리오 메이커로 만들어져 있는 것을 모티프로 했다. 이 디자인은 무사히 통과되었다. 디자인의 의도가 명확하기도 했고 디자인이 통과되기까지 사내 많은 분의 도움을 받았기 때문에 가능했다.

　여기까지 읽어주신 분이라면 마패가 콘셉트를 말하는 것이라고 생각할 수도 있다. 말 그대로 콘셉트에 더 가까운 의미를 가지지만 완전히 똑같은 뜻이라고는 생각하지 않는다. 콘셉트의 의미는 특정 물건에 대한 통일적이면서 기본적인 생각이나 관점을 말하는데 나는 추가로 설득력이나 공감 같은 의미도 넣었다. 단어가 주는 울림이 강한 편이라 무언가를 만들 때 딱 들어맞는 말이라고 생각한다. '마패'라고 말하면 훨씬 효력도 있고 설득력도 느껴진다. 마치, 절대적인 힘을 갖는 느낌이다. 최근에는 이 말을 의식적으로 사용하려고 한다. 남들과 다른 특별한 '마패'를 가졌다고 생각하면, 디자인을 수월하게 만들 수 있다. 이것을 보여주면 클라이언트나 회사 사람들도 디자인의 의도를 쉽게 이해할 수 있다. 여러분도 많은 사람과 함께 디자인을 만들고 있다면 언제나 그 고유한 디자인이 가지고 있는 콘셉트인 마패를 신경 쓰길 바란다.

◆

# 24. 아트 디렉터는 방지벽이 되어야 한다

내 직함은 디자이너이지만 아트 디렉터 역할을 담당할 때도 많다. '아트 디렉션'이란 대체 무엇일까? 디자인에 익숙하지 않은 사람이라면 이해하기 어려운 단어일 것이다. 디자이너 중에도 그 의미를 정확하게 알고 있는 사람이 많지 않다. 내가 생각하는 아트 디렉션은 크게 세계관을 구축하는 것과 퀄리티 관리 이렇게 두 가지로 나눌 수 있다. 세계관을 구축하는 것은 일종의 기획이다. 방향성 즉 노출 방법을 결정하는 것이다. 클라이언트가 처음부터 어떤 디자인을 만들고 싶은지 명확한 콘셉트를 가지고 의뢰한다는 보장은 없다. 그것이 최선인지도 알 수 없다. 아트 디렉터는 디자인의 방향성인 최적의 세계관을 구축하는 중요한 역할을 담당한다. 이 세계관에는 톤 앤 매너 Tone&Manner가 필요하다. 어떤 사진으로 만들 것인지 밝기, 채도나 규칙, 약속을 정하는 것도 함께 포함된다.

퀄리티 관리의 주요 업무는 지금 만들고 있는 디자인의 조형적인 매력을 최대한 끌어내는 것과 디자인의 품질이 변하지 않도록 지속적으로 관리하는 것이다. 바로 디자인의 내구성을 보장하는 역할을 한다. 디자이너가 만든 디자인이 훨씬 좋아 보이도록 이 형태를 이렇게 바꿔보면 어떨까 혹은 이쪽의 여백을 조금 더 넓히는 건 어떨까 다채롭게 생각하는 작업이다. 다양한 각도에서 발전 가능성을 발견하고 검증하여 그중에서 가장 좋은 것을 선택하는 역할을 한다. 이러한 이야기는 다른 사람들도 많이 설명하고 있으니 이쯤에서 정리하겠다. 여러분은 아트 디렉션은 어떻게 하는 것인지 궁금할 것이다. 나는 온라인 커뮤니티를 3년째 운영하고 있는데, 처음에는 10명 정도의 소규모로 시작하여 지금은 350명이 넘는 규모가 되었다. 350명 모두 참가하는 일은 거의 없지만, 종종 100명 규모로 디자인을 만들기도 한다. 사람을 관리하는 방법론의 하나로 아트 디렉션에 대해 아래와 같이 정리했다. 전체적으로 조감하는 크리에이티브 디렉션Creative Direction과 비슷하지만 그보다는 아트 디렉션에 가깝다.

마에다 디자인실의 아트 디렉션 업무를 하면서 특히 중요하게 생각하는 부분이 있다. 비유하자면 볼링장의 어린이용 레인에 거터 볼 gutter bowl 방지벽과 비슷한 환경을 만드는 것이다. 아이는 볼링공을 있는 힘껏 던지기 때문에 구석으로 빠지기 쉽다. 거터 볼이 되면 득점이 되지 않아 재미를 느끼기 어렵기 때문에 특별 레인이 있다. 마에다 디자인실에서 나의 역할은 바로 그 레인의 방지벽이다. 팀원들이 하고 싶은 방향에 대해 말하면 대부분 찬성하지만 누가 봐도 실패할 것 같거나, 콘셉트에서 벗어난 거터 볼이라면 내가 막아야 한다.

안심하고 던질 수 있는 벽이 있으면 팀원들은 자세를 신경 쓰지 않고도 무게감 있고 빠른 공을 기분 좋게 던질 수 있다. 마에다 디자인실은 일로는 경험할 수 없는 크리에이티브를 내세운다. 나는 이러한 경험을 마음껏할 수 있는 장소가 될 수 있게 디렉션하고 있다. 그러나 공이 굴러떨어지는 것을 막겠다고 던지는 방법까지 지도하지 않는다. 핀까지 잘 굴러가도록 유도하는 역할을 할 뿐이다. 미리 정해진 정답이 있다면 그건 디자이너가 아니라 오퍼레이터Operator에 불과할 것이다. 정답을 이야기하는 사람은 디자이너지만, 정답에 접근하도록 도와주는 사람은 아트 디렉터이다. 이렇게 상상하고 진행한다면 아트 디렉션할 때 분명 도움이 될 것이다. 반대로 디자이너로서 아트 디렉터와 만났을 때 그들이 이런 마음가짐으로 감독을 하고 있다고 생각하면 함께 일하는 데 한결 수월해진다.

## 25. 일이 잘 풀릴 때는 바로 다음 단계를 생각하자

서른 살 무렵에 간사이에서 열리는 은퇴한 디자이너가 주최하는 디자인 세미나에 다녔다. 그 당시 복사 용지 포장지는 거의 다 비슷한 스타일이니 관점을 다르게 해서 만든 업그레이드한 디자인을 제출하라는 과제를 받았다. 참가자를 그룹으로 나누어 다들 디자인을 제출했다. 나는 맨 처음 종이紙(카미)를 신神(카미)에 빗댄 말장난을 이용했

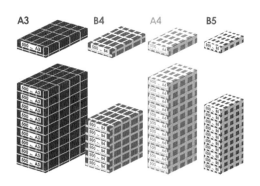

황금비율을 디자인에 반영한 복사 용지의 포장지 제안

146

◆

는데 금색 포장지를 사용해 위엄을 더 했다. 신을 대하듯 종이를 소중하게 사용하자는 메시지를 담은 디자인이었다. 제출한 뒤에도 좀 더 좋은 아이디어가 있을 것 같아 계속 마음에 담아두었다. 그리고 일주일 후에 다른 디자인 하나를 프레젠테이션했다. 복사 용지 크기는 황금비율이기 때문에 그 자체로 아름다워서 비율의 차이를 디자인에 반영했다고 말했다. 포장지를 보자마자 종이의 크기를 바로 알 수 있게 디자인했다는 설명을 덧붙였다.

강사는 제출한 디자인과 포기하지 않고 계속 노력한 자세를 크게 평가했다. 디자인을 제출한 뒤에도 계속 생각해 보는 자세는 매우 중요하다. 어떤 디자이너들은 디자인을 제출한 뒤에는 다시는 쳐다보지 않기도 한다. 나는 이러한 디자인을 재미없는 디자인이라고 부른다. 나는 디자인을 제출한 후에도 마치 모험을 떠나는 것처럼 포기하지 않고 계속 고민하기를 좋아한다. 쉬지 않고 고민하는 이유는 내가 원래부터 무언가를 할 때, 습득이 느린 편이라는 것을 잘 알고 있기 때문이다. 나는 공부도 운동도 심지어 노는 것조차 열등생이었다. 무엇이든 시작할 땐 입문서부터 사서 읽고 나름대로 본질을 이해하며 시작했다. 포기하지 않고 계속 노력하다 보면 반드시 잘할 수 있다는 것을 배웠다.

세미나에서 프레젠테이션했던 디자인도 처음 제출한 디자인으로 만족하고 계속 고민하지 않았다면 훨씬 좋은 디자인으로 탄생하지는 못했을 것이다. 훨씬 보기 좋게 만들어야겠다는 생각과 함께, 과연 이게 최선인지 의문 갖는 마음이 중요하다. 끊임없이 고민하여 성공한 사례로 '하나 세레브(고급 화장지 제품)'의 패키지를 자주 예로 든다. 이 제품은 일반 티슈보다도 훨씬 부드러운 촉감을 가진 것이 특징이

좌: 하나 세레브 우: 네피아 모이스처 티슈
(출처: 오우지 네피아 주식회사)

다. 차별화된 만큼 일반 티슈보다 가격이 비싸지만 그만큼 잘 팔린다. 이 '하나 세레브'의 비약적인 발전은 디자인과 밀접한 관련이 있다.

1996년에 처음 발매되었을 당시에는 '네피아 모이스처 티슈'로 패키지는 심플하고 세련된 디자인이었다. 지금만큼 폭발적인 인기는 아니었지만 이때도 판매율은 굉장했다. 2004년에 네이밍과 패키지 디자인을 하얗고 뽀송뽀송한 토끼가 있는 디자인으로 리뉴얼했다. 예전 디자인도 나쁘지 않았지만 리뉴얼된 디자인이 제품의 매력을 더욱 잘 살려주었다. 뽀송뽀송한 토끼 이미지를 사용함으로써 '하나 세레브'의 부드러운 촉감이 잘 전달될 수 있었고 덕분에 이전보다 더 폭발적인 판매를 기록할 수 있었다.

그전에도 좋았지만 업그레이드를 통해 노력하는 자세를 보여준 아주 좋은 예시이다. 더 좋아질 수 있다고 항상 끊임없이 이렇게 자문자답하다 보면 디자인은 계속해서 좋아질 것이다. 머리 회전 속도의 차이는 어쩔 수 없지만, 고민은 누구나 쉬지 않고 할 수 있다. 사고를 멈추지 말고 재미없는 디자인에서 벗어나자. 그러면 틀림없이 더 나은 디자인을 완성하는 길이 열릴 것이다.

## 26. 그것은 디자인 기획안이 아니다

　내가 쓴 글 중에서 가장 반응이 좋았던 것은 2019년에 작성했던 〈그것은 디자인 기획안이 아니다〉라는 기사였다. 당시 2,348개의 '좋아요'를 받았다. 얼마나 많은 사람이 똑같은 답답함과 고민을 안고 있는지 알 수 있었다. 좋은 디자인을 하려면 어떻게 해야 하는지, 발주는 어떻게 넣어야 하는지 나만의 대답을 적었다. 이 책에서는 특별편의 의미로 다음 페이지에 블로그 글의 원문을 그대로 게재해 보았다. 디자인 제안에 대해 예전부터 답답한 부분이 있었다. '키요치카'의 로고가 설명하기 좋은 사례여서 한 번 글로 옮겨보았다. 부디 젊

은 디자이너나 학생들이 읽고 도움을 받았으면 한다. 결론부터 말하자면 로고 디자인 기획안이란 색이나 형태를 다르게 한 것이 아니라는 점을 강조하고 싶다.

아소비카타 살롱의 대표 오너인 키요토가 '키요치카'라는 서비스를 시작했다. 지하상가 맛집의 전자상거래 시스템이었다. '키요치카'의 의미는 본인의 이름 키요토와 지하地下상가의 발음인 치카를 합친 것이었다. 오너인 키요토는 여러 방면으로 식품 관련 업계에서 신임이 두터웠고 사이트 또한 매력적인 제품들로 가득했다. 키요치카 서비스를 시작한다는 문구를 처음 보았을 때 아주 훌륭한 콘셉트와 기획력, 네이밍을 보고 놀랐다. 틀림없이 굉장히 좋은 디자인이 완성될 것 같은 예감이 들었다. 망설이지도 않고 로고 디자인을 맡겨달라고 연락했다.

이렇게 해서 키요치카 로고를 만들게 되었다. 이럴 때는 스피드가 생명이라 로고 디자인을 8개나 만들었다. 5시간 동안 집중한 결과였다. 콘셉트가 명확해서 만들기 쉬웠다. 경험상 좋은 콘셉트가 바탕이 되어야 좋은 디자인이 탄생하기 때문에 그만큼 많은 디자인을 만들 수 있었다. 여기서부터가 내가 전달하고 싶은 것이다. 로고 디자인 기획안은 색이나 형태만 바꾼 것이 아니라, 전혀 다른 콘셉트도 함께 제안할 수 있어야 한다. 의외로 프로 디자이너라도 이 부분이 능숙하지 않은 사람이 있다. 당신 역시 외관상 패턴만 바꾼 로고로 디자인 기획안을 만들며 시안의 숫자만 늘리고 있지는 않은가? 다음은 실제로 키요토에게 제안한 자료이다.

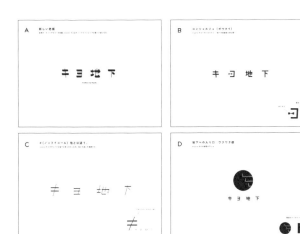

키요토에게 제안한 키요치카의 로고 프레젠테이션 자료

## 〈키요치카〉의 로고 디자인 제안서

### A안: 새로운 노포

노포는 미래의 '인터넷 맛집'이다. 앞으로 키요토는 인터넷 맛집의 일인자가 될 것이다. 오래된 가게처럼 보이지만 감각 있게 표현했다.

### B안: 콘시어지concierge

'음식에 대한 신뢰감과 안전함'을 바탕으로 키요토는 서비스맨이자 《서비스 맨의 애환(국내 미출간)》이라는 서적을 출판한 경험이 있다.

### C안: ≠not 남들과 다르다

키요토의 선택은 다른 곳에는 없다는 차별점을 강조한다.

### D안: 지하도 입구부터 느껴지는 재미

키요토의 비밀 아지트에 사다리를 타고 내려가는 것을 재미있게
표현했다.

### E안: 지하 아지트(비밀 기지)

키요토의 비밀 아지트. 맛있는 건 즐겁다. 키요토의 파트너인 '아
지트 군'이다. (정식 이름은 '페로치카'가 되었다.)

### F안: UNDERGROUND의 U를 혀로 형상화한 브랜드 마크

'혀 마크'는 스타벅스나 나이키, 맥도날드처럼 마크만 봐도 알아볼
수 있게 돕는다.

### G안: 비밀의 미식가 클럽 ▶ 암호 문자로 만듦

알만한 사람은 다 아는 키요치카를 암호 문자로 연출해 뾰족한 느
낌의 디자인도 넣어보았다.

## H안: 맛을 보증하는 표시 키요 마크

'몬드 셀렉션Monde Selection(전 세계 소비재의 품질을 평가하고 그 결과에 따라 인증을 부여하는 단체)'은 아무 제품에나 붙어 있다. 이를 대신해 '키요 마크'가 있는 제품은 새로운 기대감을 준다.

프로 디자이너라면 싸고 간편한 디자인 패턴을 만들어서는 안 된다. 로고의 형태나 색, 폰트만 활용해서 디자인을 제출하는 것은 의미가 없다. 이것만 바꿔서 제안하는 것은 클라이언트에게 업무를 넘기는 것과 마찬가지다. 그것은 디자이너가 할 일이다. 반대로 콘셉트는 우리 디자이너가 선택하는 것이 아니다. 이는 클라이언트만 할 수 있는 고유의 영역이다. 콘셉트는 클라이언트가 원하는 것을 나타내기 때문이다. 제안할 때 몇 가지 콘셉트를 추천할 수는 있지만 결정은 디

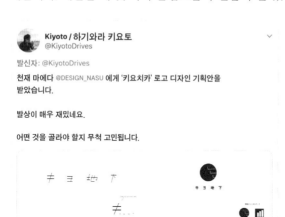

Kiyoto / 하기와라 키요토
@KiyotoDrives

발신자: @KiyotoDrives

천재 마에다 @DESIGN_NASU 에게 '키요치카' 로고 디자인 기획안을 받았습니다.

발상이 매우 재밌네요.

어떤 것을 골라야 할지 무척 고민됩니다.

午後6:52 · 2019年8月14日 · Twitter for iPhone

자이너의 몫이 아니다. 대신 색이나 형태, 폰트를 결정하는 것은 디자이너의 업무이다. 이 차이를 정확하게 이해할 필요가 있다. 로고의 형태나 색, 폰트만으로 제안서를 만들면 어떤 일이 벌어질까? 그 디자

'키요치카' 로고

제안서에 있던 그림이 '키요치카'의 캐릭터로 결정

◆

인은 그럭저럭 만든 사람의 취향만 만족시킨 디자인이 된다. 그저 목표를 이루기 위해 만든 디자인이 되는 것이다. 클라이언트가 값이 비싼 것이 좋은 디자인이라고 생각할 가능성이 있다고 그저 겉만 번지르르하게 만드는 것은 아무 의미가 없다. 디자인을 만드는 일은 진지해야 하며, 클라이언트 역시 진지하게 본인이 무엇을 원하는지 잘 고려해서 디자인을 선택해야 한다. 여기에서만 하는 이야기지만 디자인료가 비쌀수록, 클라이언트는 더욱 신중하게 디자인을 고른다. 디자이너라면 언제나 비싼 디자인료를 받고 싶을 것이다. 하지만 콘셉트는 타인이 정해주는 것이 아니다. 마지막은 본인의 의지로 스스로 결정해야 한다. 애초에 나는 일반적으로 로고의 형태나 색, 폰트를 디자인이라고 부르는 것 자체가 마음에 걸린다.

이렇게 최종 로고가 결정되었다. 비하인드 스토리를 말하자면 트위터에서 설문조사를 하기 전에 키요토가 제일 괜찮다고 말한 디자인이 선택되었다. 얼마나 놀랐는지 모른다. 다른 로고 디자인 중 하나는 키요치카의 캐릭터로 결정되었다! 키요토에게 키요치카 서비스를 하는 이유를 물어보았다. 먼 곳에 있는 사람에게도 맛있는 음식을 주고 싶다는 마음에서 시작한 것이라고 대답했다. 이렇게 해서 디자인 제안에 대한 이론을 정리했다. 색이나 폰트는 디자인 기획안이 아니라 콘셉트에서 찾아야 한다. 노력하다 보면 좋은 디자인으로 가는 길이 점점 보일 것이다.

◆

# 〈글자는 축소하면 깔끔해진다〉

디자이너에게 지시할 때 자주 하는 말이 있다. 꼭 디자이너가 아니라도 자료를 만들어야 하는 일이 있을 때 응용할 수 있는 기술이다. 술집이나 일반 매장에서 가게 주인이 직접 만들었을 법한 인쇄물을 보면 가장 많이 보이는 패턴 중 하나가 바로 큰 글자이다. 이렇게 우리가 흔하게 보는 인쇄물 패턴 속 글자들은 하나 같이 크기가 너무 크다. 글자가 크면 내용이 잘 전달될 것 같지만 사실은 그렇지 않다. 시험 삼아 지금 입력하는 문장의 글자 열의 크기를 10퍼센트 작게 줄여보라. 마치 숨통이 트인 것처럼 깔끔해지지 않나. 글자가 너무 작으면 가독성이 떨어져 보이지는 않을까 불안한 마음이 들지도 모른다. 그럴 때는 문장 속 요지에서 표제어를 발췌해 그 글자만 크게 만들면 된다. 표제어만 읽으면 그 뒤의 글자가 아무리 작아도 대부분은 읽을 수 있다. 정말로 전달하고 싶은 메시지는 한 문장으로 정리하고 그 글자만 크게 한다. 그 외의 텍스트는 더 작아도 상관없다. 디자이너는 글자 크기의 비율을 '점프율jump'이라고 부른다. 매일 가독성 좋은 레이아웃을 만들기 위해 노력한다.

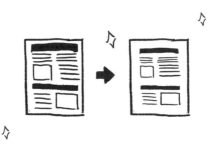

# 3장

## '선택'받는 디자인을 하다

# 27. 이상적인 디자인료는 얼마일까

    디자이너용 책에 이런 내용을 쓰는 것이 암묵적인 금지 사항이지만, 이제는 본업만으로는 먹고살기 어려운 시대가 되었다. 이미 그런 시대가 온 것 같다. 오카야마의 현립 도서관의 로고 공모전 상금이 도서 카드 5,000엔으로 측정되어 큰 비난을 받은 일이 있었다. 도서관 관계자가 디자인의 가치를 몰라 발생한 사건으로 정말 안타까운 일이었다. 디자이너들이 분노하는 것도 당연했다. 하지만 나는 5,000엔가량의 도서 카드가 상금이라는 것도 괜찮았고 오히려 도서관의 로고를 만드는 작업에 관심이 생겼다. 도서관 측이 예상한 것보다 많은 디자인을 지원한다면 이 정도로 많이 지원할 줄은 몰랐다며 놀랄지 모른다. 그렇기에 더욱 호기심이 생겼다. 이 과정을 트위터나 블로그에 써보는 건 어떨까? 아마도 이 안건으로 얻는 보수는 5,000엔을 훨씬 넘는 금액이 될 것이다. 이 책을 읽고 있는 사람이라면 잘 알 것이다. 나를 알아봐 준다는 것은 어떤 의미에서는 돈보다 더 가치 있다.

나는 이 생각으로 일을 수락했다. 만약 도서관 관계자와 의기투합해서 자유롭게 진행할 수 있는 작업이었다면 작업비가 공짜라고 해도 한번 해볼 생각이었다. 도서관은 공공건물이니까 100년 정도는 그 자리를 지키며 있을 것이고, 도서관 전체의 브랜딩을 담당하게 되면 아마 평생 담당 디자이너로 이름이 남을 것이다. 심지어 내 고향인 이타미에서 하는 일이라 놓치고 싶지 않았다. 나는 디자인만 하면서 먹고 살 생각은 없었다. 물론 기업 관련 업무로 책임감을 가지고 꼼꼼하고 착실하게 일하고 있지만, 재밌어 보이고 실적에 도움이 될 것 같은 안건이라면 공짜라도 할 마음이 있다. 내가 생각하는 디자인료는 0엔이나 100만 엔(약 960만 원)이다. 둘 중 하나만 할 생각이었다.

0엔짜리 디자인은 자유롭고 느긋하게 도전적인 시도를 할 수 있는 재미가 있다. 반면 100만 엔을 훨씬 넘는 디자인은 클라이언트의 기대치와 성과를 충족해야 한다는 책임감도 있지만 그 압박을 뛰어넘는 재미가 있다. 프리랜서가 되고 생각한 것은 먹고살기 위해 다양한 방법을 시도하는 일이 생각보다 재미있다는 사실이었다. 새로운 마케팅을 매일 실천해 볼 수 있기 때문이다. 나는 온라인 커뮤니티를 운영하거나, 전문학교와 대학 강사를 지내기도 했다. 세미나도 하고 싶고 굿즈도 만들고 싶고 사진도 찍고 싶고 만화가도 되고 싶다. 자유로움이 프리랜서의 큰 장점이라고 생각하며, 돈을 벌 수 있는 수단을 다양한 방면으로 확장해 놓으면 나중에 하고 싶은 일을 할 수 있다고 생각한다. 그만큼 활동량이 늘어나서 피곤하겠지만 재미는 있을 것이다.

앞으로 나와 비슷한 사람은 더 늘어날 것이다. 그러면 도서관 로고를 디자인하여 5,000엔 정도의 도서관 카드를 상금으로 받는다는 게 너무하다는 핑계 자체가 통용되지 않을 것이다. 디자인으로만 먹고사는 사람은 시대에 뒤떨어지고 조금씩 할 일이 줄어들 것이다. 디자이너니까 디자인만 해야 한다고 생각하기보다는 좀 더 유연하고 폭넓은 사고가 필요하다. 그런 이유로 나는 0엔짜리 디자인도 계속하고 있다. 내가 다양한 커뮤니티를 중요하게 생각하는 이유도 이 때문이다. 무엇보다 이곳의 사람들을 좋아하는 마음이 가장 크지만, 그게 전부는 아니다. 일하면서 경험할 수 없는 즐거움을 찾고, 커뮤니티에서 자신을 보여주는 것, 이를 계기로 점점 새로운 길이 보였다. 이러한 삶의 방식은 디자이너든 아니든 상관없이 필요할 날이 반드시 온다.

# 28. 디자이너의 생생한 이직 활동: good design company

닌텐도에 입사하고 얼마 지나지 않아 3년 안에 그만두겠다고 공표했다. 물론 닌텐도라는 회사를 좋아했지만 디자인 실력을 키우고 싶다는 마음이 강했다. 반드시 언젠가 디자인 프로덕션으로 옮겨 도쿄로 가겠다는 마음이 있었다. 하지만 바람과 달리 입사하고 몇 년 동안은 디자인을 안정적으로 잘하기 위해 필사적으로 노력하느라 바빴다. 상사의 작업 속도와 퀄리티를 보며 어떻게 하면 저렇게 될 수 있을까를 매일 고민하며 그저 쫓아가기에 급급했던 것 같다. 휴일에도 디자인만 생각했고 책이나 세미나 등 인풋 활동에도 많이 투자했다. 이렇게 배운 것을 회사에 아웃풋하는 사이클을 반복했다. 20대 후반이 되어서야 원하는 디자인을 안정적으로 구현할 수 있게 되었고 하는 일도 즐거워졌다. 28살 무렵 동시대의 광고 대행사 디자이너와 비교했을 때 내 실력이 어느 정도인지 궁금해졌다. 그렇게 자연스럽게 전직을 고민하게 되었다.

게임 업계에서 디자인의 역할은 중요하다. 큰 프로젝트를 경험할 수 있고 그만큼 재미있고 보람도 있었지만, 디자인 업계와는 동떨어진 부분이 있었다. 솔직히 말하면 나는 콤플렉스를 느끼고 있었다. 닌텐도를 그만두고 싶지는 않았지만 2~3년 정도 성장할 수 있는 수행의 길을 떠나고 싶었다. 만약 떠난다면 도쿄가 좋겠고 디자인 퀄리티를 제대로 관리하는 회사라면 금상첨화라고 생각했다. 내 실력이 어느 수준인지 알고 싶었다. 부족한 부분을 채우고 싶다는 열망이 컸고, 남들보다 뛰어나고 싶었다. 예전부터 관심 있던 회사 하나가 있었는데 마침 그 회사에서 모집 공고가 나왔다. 그곳은 good design company였다.

good design company는 크리에이티브 디렉터인 미즈노 마나부가 이끄는 디자인 컨설팅 회사다. 구마몬, NTT도코모 iD, 나카가와 마사시치 상점 등의 브랜딩 디자인으로 일반인들에게도 잘 알려진 곳이다. 모든 부분에서 퀄리티가 정말로 높은 회사였다. 그곳에서는

◆

디자인 품질 관리를 어떻게 하고 있는지 정말 궁금했다. 미즈노 마나부와 한 번쯤 대화를 나누고 싶었기에 시험 삼아 이력서와 작품을 몇 개 제출했다.

얼마 정도 시간이 흐른 후 면접에 참석해 달라는 메일을 받게 되었다. 설레발이긴 했지만 good design company에 입사하게 되면 도쿄에서 살아야 하니 면접 전 아내와 가족 회의도 나눴다. 당시 아이가 태어난 지 얼마 안 된 상황이라 일반적이라면 반대하는 것이 당연했다. 예상대로 나는 장인 장모님의 굉장한 반대에 부딪게 되었다. 하지만 아내는 내 의견을 존중하고 찬성해 주었고 덕분에 나는 큰 결심을 할 수 있었다.

자, 가 보자 도쿄로! 한겨울이었고 크리스피크림도넛이 일본에 처음 상륙했을 때였다. 신주쿠 사잔 테라스Shinjuku Southern Terrace에 위치한 1호점은 많은 손님으로 번잡했지만 아내가 꼭 사 오라고 부탁한 것이기에 나는 면접 전에 1시간 가까이 줄을 서서 도넛을 샀다. good design company의 회사 내부는 디자인 잡지에서 이미 본 적이 있었다. 입구를 들어가면 노출 콘크리트 공법으로 만든 방이 있는데 그곳에 여러 작품이 전시되어 있었다. 마치 갤러리 같아서 흥분됐고 동시에 가슴이 두근거렸다. 대기실에 여섯 명 정도 되는 지원자와 함께 앉아서 기다리고 있었는데, 젊은 직원이 다가와 긴장되지 않냐고 물으며 말을 걸어주었다. 아마도 디자이너였던 것 같은데 젊은 직원마저 상냥하고 개방적이어서 이미지도 밝고, 좋은 회사라는 느낌이 강하게 들었던 것이 지금도 기억난다.

미즈노 마나부와의 면담 시간이 찾아왔다. 그의 첫인상은 조금 피곤해 보였다(면접은 면접관 면접자도 꽤 피곤하다). 내 포트폴리오와 실적을 살펴보고 굉장히 좋다며, 클라이언트 중에 이만큼 디자인 능력이 뛰어난 사람이 있으면 무섭다고 말해주었다. 긴장했던 탓에 얼굴이 굳어 있었지만, 이미 마음속으로는 춤을 추고 있었다. 지금 제일 잘 나가는 일류 디자이너에게 이런 평가를 받다니! 지금까지 내가 걸어온 길이 틀리지 않았다는 생각이 들 정도였다. 조금은 입에 발린 칭찬이었을지 모르지만 그 말에 감동했다. 그때 읽고 있던 고야마 쿤도의 책 이야기를 나눴고, 직장을 옮기는 문제로 아내보다 장인 장모님의 반대가 훨씬 심했다는 등의 담소를 나누었다. 닌텐도에 약간의 미련도 있어서 직장을 옮기는데 조금의 망설임도 있다는 등 다양한 이야기를 솔직하게 털어놓았다. 마지막에 그가 회사 안내 책자를 건네주며 원래 면접자에게는 잘 주지 않는다고 말하며, 이걸로 가족들을 설득해 달라는 말을 덧붙였다. 그곳에 있던 다른 여성분이(아마도 미즈노 마나부의 아내였던 것 같다) 당황하며 아직 결정된 건 아니라고 말하며 상황을 정리하던 것이 인상적이었다.

　그리고 며칠 뒤 결과가 도착했다. 불합격이었다. 솔직히 말하면 혼자 김칫국부터 마신 꼴이지만(웃음) 당시에는 꽤 충격을 받았다. 어쩌면 도넛을 가지고 갔으면 합격했을지도 모른다(당연히 그럴 리가 없다). 약간 황당한 말 같지만 붙었어도 거절했을지도 모르겠다. 미즈노 마나부에게 칭찬을 받은 일 덕분에 내 안에 있던 답답함이 꽤 해소되었기 때문이다. 직장을 옮기고 싶다기보다 내 실력이 어느 정도인지 객관적으로 알고 싶었던 것 같다. 전문대학을 졸업하고 바로 닌텐도에 입사하여 계속 한 회사에서만 일했기에 외부 반응을 정확히 알 길이 없어서 불안했다. 이 경험으로 내가 해 온 일이 틀리지 않았다는 것을 알았고, 존경하는 크리에이티브 디렉터가 그 부분을 인정해 준 사실이 기뻤다. 결과에 상관없이 만족스러웠다. 생각해 보면 갈팡질팡하는 내 마음을 간파당해 불합격했던 것은 아닐까 생각한다. 그리고 그로부터 2년 뒤에 다시 이 답답한 마음이 부활했다. 이번에는 제대로 도전해 보기로 마음먹었다. 이 이야기는 다음 항목에서 하겠다.


# 29. 디자이너의 생생한 이직 활동: GRAPH


서른 살이 넘었을 무렵, 닌텐도에서 담당하던 업무는 기대치가 높아져 힘들긴 했지만 보람 있고 즐거웠다. 그 무렵부터 디자인 업계나, 광고 업계 잡지에 동년배의 디자이너와 아트 디렉터가 등장하기 시작했다. 그러자 마음이 흔들리고 먹구름이 끼면서 이대로 괜찮은 건가 싶은 불안감에 사로잡혔다. 잡지에 실리고 싶다는 건 아니고(물론 실리면 좋지만) 그렇다고 그들의 활약이 부러운 것도 아니었다(엄청 부러웠다). 열등감이 있었는데 지금 생각하면 내 마음이 당시의 분위기에 많이 휩쓸리고 있던 것 같다.

흔들리는 마음이 디자인 업무 자체만을 의미하는 것은 아니었다. 잡지에 자신이 만든 디자인이 실리는 것은 물론이었고, 그들은 본인 자체가 상품이었다. 인하우스 디자이너in-house designer(기업에 소속된 디자이너)가 보기에는 그 부분이 가장 부러웠다. 물론 회사에서 일을 대충대충 하는 건 아니었지만 일이 손에 익어서 나도 모르게 매너리즘에 빠진 것은 아닌지 위기감을 느끼고 있었다. 디자이너 스스로 짊어진 책임의 무게와 자세가 달랐다. 바로 그 부분에서 열등감이 느껴졌다.

소제목 3번에서도 이야기했지만, 학창 시절에는 광고 대행사보다 제조 회사에 가고 싶었다. 당시만 해도 기업에 소속된 디자이너가 훨씬 보람이 있을 것이라고 생각했지만 있지도 않은 걸 바란 꼴이었다. 더 열심히 하지 않으면 저 사람들과 점점 차이가 벌어질 것이라는 생각에 초조해졌다. 환경 탓을 하고 싶지는 않았기에 2년 전처럼 직장을 옮기겠다는 생각은 하지 않았다. 이번에는 먼저 공부해야겠다고 마음먹었다.

TDC<sup>Tokyo Type Directors Club</sup>(도쿄 타이프 디렉터스 클럽)나 오사카의 유명 디자이너의 세미나에 다녀오기도 했다. 책을 닥치는 대로 읽거나 전시회를 다니며 주말을 보냈다. 어느 날, TDC가 개최한 세미나의 강사 중에 환경 문제를 다루고 있는 사람이 나왔다. 내용이 인상적이었는데 그중에서도 디자인은 쓰레기를 만드는 것과 같다는 이야기를 했다. 실제로는 단호한 말투는 아니었을지 모르지만 이야기의 취지는 그러니까 쓸모 있는 광고 디자인을 만들라는 의미였다. 그의 말이 내 마음속에 깊게 자리 잡았다.

광고 디자인은 전단이든 포스터든 종이를 많이 소비한다는 것이 그 이유였다. 디자인 작업에 막 시동이 걸리려는 찰나에 들은 말이어서 그런지 의욕이 떨어지고 강한 상실감이 느껴졌다. 디자이너는 당당한 직업이 아니라는 생각까지 들었다. 심지어 디자이너인 지인에게도 디자인은 대단한 일이 아닌 것 같다는 말을 해서 상처를 주기도 했다. 세미나를 찾아다니고 공부를 계속해도 디자이너는 쓰레기를 만든다는 생각이 계속 발목을 잡는 것 같아 일에 집중할 수 없었다.

디자인에 대한 불신을 씻기 힘들었다.

그러다 잡지에서 GRAPH의 기타가와 잇세이의 이야기를 읽었다. "버려지지 않는 인쇄물을 지향한다"는 이야기를 읽게 되었는데, 그의 의견에 고개를 끄덕이며 동의하게 되었다. 기타가와 잇세이는 세계 그래픽 디자이너 협회의 회원으로도 뽑힌 인물로 일본을 대표하는 그래픽 디자이너이다. GRAPH의 본사는 효고현 가사이시에 있고, 도쿄에도 디자인 룸이 있었다. 인쇄 회사 겸 디자인 회사라는 형태로 'DESIGN×Printing=GRAPH'를 내세운 퀄리티가 높은 인쇄물을 만드는 곳이다. 기타가와 잇세이가 오사카에서 강연한다는 소식을 듣게 되었다. 강연을 들으러 가서 운 좋게 이야기할 기회가 주어진다면 꼭 이야기도 나누고 싶었다. 디자인의 의미와 정당성을 알 수 있게 되길 바라는 마음으로 강연에 참석했다.

강연회의 내용은 GRAPH의 성립과 인쇄 회사로서 리브랜딩 rebranding(소비자의 기호, 취향, 환경 변화 등을 고려해 브랜드의 이미지를 새롭게 창출해 소비자에게 인식시키는 활동)을 하게 된 경위였다. 시력이 좋지 않아 수술하게 된 에피소드가 인상적이었다. 기타가와 잇세이의 디자인은 이제껏 본 적 없는 조형이 특징이며 굉장한 임팩트가 느껴졌다. 어디에서 본 것 같은 디자인도 아니었고, 흉내 낸 것에 머무르지 않았으며 과감하게 디자인의 가능성을 넓혔다. 오랜만에 디자인의 재미가 느껴졌다. 강연이 끝나고 교류회가 시작되었고 나는 용기를 내서 가져간 디자인을 그에게 보여주었다. 그는 내 디자인을 보며 재미있고 좋다고 이야기해 주었다. 그러면서 진짜 디자이너가 되고 싶으면 도쿄에 꼭 와야 한다는 말도 해 주었다. 역시 정답은 도쿄에 있는 것일까? 기획은 좋지만, 디자인은 아직 멀었다는 말이었을까?

◆

나중에 잡지에서 GRAPH의 구인 광고를 발견하고 지원했다. 1개월 후 면접에 와달라는 연락을 받았다. GRAPH의 본사가 있는 효고현 가사이시는 녹음이 우거진 곳이었다. 우리 집에서 차로 1시간, 편도 50㎞ 정도 걸리는 거리였다. 만약 채용되어서 출근하게 된다면 들어갈 연비 효율과 차 유지비까지 생각해야 했다. 면접은 임원과 인사 담당자 두 명으로 진행되었다. 지원 동기, 경력, 본인이 생각하는 이상적인 디자인에 대해 이야기했다. 하지만 시작하자마자 떨어질 것 같은 불안감이 엄습해 왔다. 면접관이 나에게 전혀 관심이 없어 보였기 때문이다. 결과는 불합격이었고 이렇게 해서 회사를 옮기는 건 다시 실패로 돌아갔다. 이 일을 계기로 어렴풋이 깨달은 것이 있다. 나만의 이상적인 환경을 찾아 여러 방면으로 행동해 봤지만, 그 환경은 애초에 누군가가 만들어 주는 것이 아니라는 것을 알게 되었다. 스스로 이상적인 환경을 만들어야 했는데 나는 환경 탓을 하거나, 타인에게 책임을 돌리기만 하고 있었다. 그제야 내가 얼마나 오만했는지 깨달았다.

　내 이름을 걸고 일하고 싶다. 훨씬 치열하게 경쟁하는 환경에서 일하고 싶다는 생각을 계속 하고 있었다. 나는 프리랜서가 되기 위해 책을 찾기 시작했다. 한편으로 닌텐도에 머무는 편이 훨씬 행복하지 않을까 하는 생각도 들었다. 그 무렵 'Wii', '닌텐도 3DS'가 발매되어 매우 바쁜 날들이 이어졌다. 일의 효율이나 속도가 빨라진 만큼 힘들어도 즐기면서 일에 열중한 보람이 있었다. 사내 평가도 나쁘지 않았고 골프를 치러 가거나 쉬는 시간도 충분히 즐겼다. 시험 삼아서 일 이외에 지인이 의뢰한 디자인을 돕기도 했다. 이렇게 일과 적당한 거리를 유지하면서 디자인도 웬만큼 즐길 수 있게 되었지만, 회사를

◆

그만둘 용기는 없었다. 독립을 결심하게 된 결정적인 이유는 아버지의 병환 때문이었다.

# 30. 아버지를 통해 인생의 짧음을 깨닫다

언젠가 꼭 내 이름을 건 디자인을 하고 싶다는 생각을 가지고good design company와 GRAPH 같은 디자인 프로덕션의 문을 두드렸지만 실패했다. 몸부림치며 괴로워했던 30대가 끝나갈 무렵에 아버지의 치매 증상이 심해졌다. 아내가 아버지에게 맞을 뻔했던 일이 있었고, 야근하고 늦은 밤 귀가한 남동생을 도둑으로 착각해 칼로 찌르려고 했던 일도 있었다. 이러한 상황에서 계속 일만 해도 괜찮은 것인지 의문이 들었다. 퇴근 후 아내에게 하루 동안 아버지에게 일어난 일들을 전해 들을 때마다 정말로 괴로웠다. 자연스럽게 독립할 기회는 지금 밖에 없다는 생각이 들었다.

지금이야 원격 근무나 간호 휴가제 등을 사용할 수 있지만, 당시의 나는 그럴 시간조차 없었다. 큰 규모의 작업을 맡게 되어 일하는 것이 즐거웠지만 집에 일이 생길 때마다 곧장 퇴근할 수는 없는 노릇이었다. 집은 엉망진창인데 이게 다 무슨 소용이 있나 싶었다. 아버지 간호에 지쳐 어머니마저 쓰러지시면 큰일이었다. 프리랜서라면 이런 일이 생겼을 때 유연하게 대처할 수 있을 것 같았다.

이 일을 계기로 친가 쪽에 당뇨부터 시작해 치매를 앓는 분들이 많다는 것을 알게 되었다. 아버지는 65세에 치매로 항상 간호가 필요한 상태라는 진단을 받았다. 사실 훨씬 이른 시기부터 증상이 있었는데 그걸 모르고 지나쳤는지도 모른다. 어쩌면 훨씬 젊은 시절부터 가벼운 증상이 보이기 시작했을지도 모를 일이었다. 이 말은 나도 20년 안에 치매에 걸릴 가능성이 매우 크다는 의미였다. 앞으로 건강한 인생을 보낼 시간이 20년도 채 남지 않았다는 생각에 초조해지기도 했다.

디자인을 더 하고 싶었고 후회하고 싶지 않았다. 겨우겨우 독립을 위해 본격적으로 움직였다. 이렇게 말하니 꼭 아버지 때문인 것처럼 보이지만, 그보다는 오히려 아버지가 응원해 주셨다고 생각한다. 생각해 보면 인생의 전환점마다 항상 아버지가 계셨다. 어린 시절 그림에 눈을 뜬 계기도 아버지 덕분이었다. 내가 다섯 살 무렵의 이야기인데 지금도 그때의 일이 기억난다. '닌자 핫토리 군'을 칠하느라 정신 없던 저녁, 아버지가 막 귀가하셨다. 아버지가 가까이 다가오시더니 컬러 펜을 드셨다. 컬러링북 제일 마지막 페이지에는 '핫토리 군'과 '신짱' 그리고 '시시마루'가 그려져 있었는데 마침 내가 지금부터 색칠하려던 부분이었다. 아버지는 펜을 긋기 시작해 몇 초 사이에 줄무늬로 색칠하기를 완성하였다. 아직 다섯 살인 내 눈에는 난생처음 보는 색칠 방법이었는데 너무 예쁘다고 감탄했다. 아버지 맘대로 색을 칠해 심통이 났는데 화난 걸 잊을 정도로 빠져들었다. 순식간에 그림의 이미지가 바뀌었다는 게 다섯 살인 나에게는 엄청난 충격이었다.

그때 받은 감동 덕분에 지금까지 디자인 일을 하게 된 것 같다. 미대 입시에 떨어져 재수를 하게 되었을 때도 남자 형제만 넷이니까 그 중 한 명 정도는 별난 녀석이 있어도 괜찮다며 사수든, 오수든 하고 싶은 대로 하라고 응원해 주셨다. 여담이지만 아버지는 2019년에 돌아가셨다. 생전에는 계속 누워 있으면 민폐라고, 빨리 죽고 싶다는 말을 입버릇처럼 하던 사람이었다. 아버지의 삶과 죽음을 지켜보고 현재를 열심히 살아야겠다고 다시 한번 결심했다. 회사 내에서는 이미 어느 정도 직책이 있었기 때문에 퇴사 의사를 밝힌다고 해서 곧바로 그만둘 수 있는 상황은 아니었다. 바로 회사를 나오는 일은 현실적으로 불가능했다. 그만두기까지 약 1년이라는 시간이 필요했다.

그렇게 나는 닌텐도를 떠나게 되었다. 나는 정식으로 닌텐도를 퇴직한 것이 아니라, 개호이직介護離職(돌봄·간호를 위해 이직하는 것)이었다. 지금은 회사도 창업하게 되어 닌텐도로 돌아가는 것이 현실적으로 불가능해졌다. 지금도 닌텐도를 좋아하는 마음은 변함없고 언젠가 우리 회사인 NASU가 성장해서 닌텐도와 함께 일하는 날이 오기를 꿈꾸고 있다. 이것이 비밀스러운 나만의 목표이다.

# 31. 대기업 간판을 뗀 디자이너가 자기 이름으로 먹고살기까지

디자이너로 독립을 생각하고 있다면 나 또한 그랬던 것처럼 어떻게 일을 수주할 것인가를 진지하게 고민하게 된다. 아직 세계적으로는 무명에 가깝지만 예전보다는 디자이너로서 입지를 다지게 되었다. 디자이너로서 일을 의뢰받을 때 얼마나 알려져 있는지가 중요하다. 이 업계에서는 많이 알려진 사람이 승자라는 말도 있다. 여기에서는 내가 독립한 뒤 어떻게 일을 의뢰받고 디자이너로서 어떻게 알려지게 되었는지를 써보겠다.

### (1) 아는 사람의 일을 한다

닌텐도를 그만둔 무렵에는 지인들에게 일을 받았다. 지금 생각해도 독립하고 한창 불안한 시기에 나에게 일을 맡겨준 분들에게 너무 감사하다. 막 독립한 디자이너에겐 감사할 정도의 대우와 금액을 받을 수 있었다. 일하면서도 계속 이대로 괜찮을까 걱정도 되었다. 아는 사람에게 받는 일이 많았기 때문이다. 꼭 내가 만든 디자인이 필요해서 의뢰하는 것과 일이 없다면 좀 소개해 주겠다는 의뢰는 당연히 차이가 난다. 이렇게 되면 똑같은 일만 반복하게 되니 방법 자체를 바꾸지 않으면 큰일 나겠다 싶었다. 목표는 반드시 내 디자인을 원하는 사람이 의뢰한 일을 하는 것이었다. 내가 할 수 있는 일은 딱 하나였다. 나를 모르는 사람들에게 나를 홍보해야 했다. 내가 어떤 일을 하고 있는지 내가 일하는 방법을 이야기하는 것이다.

이렇게 쓰면 대단한 것처럼 보이지만 그렇게까지 전략적이지 않았다. 정보를 알려야겠다고 처음 결심한 계기는 소메야 마사토시의 《인프레스 재팬》이라는 책 덕분이었다. 당시 프리랜서가 되기로 마음먹고 책을 닥치는 대로 사서 읽을 때였다. 그의 책을 읽고 블로그에 글을 써서 수입으로 연결할 수 있는 세계가 있다는 것을 알게

◆

되었다. 이 일과는 별개로 회사를 그만두기 전에 블로그에 글을 잘 쓰는 분을 소개받은 적 있어 내 이야기를 공개하는 것에 거부감은 없었다. 그렇게 자연스럽게 나도 한번 도전해 보기로 했다.

## (2) 블로그에 글을 쓰다

뒤에 나오는 소제목 34번을 보면 정보 발신에 대한 구체적인 방법을 정리했지만 내 경우는 블로그에 글을 쓰는 것부터 시작했다. 블로그에 글을 잘 쓰는 지인이 몇 명 있었는데 대부분 20대 초반부터 30대 초반의 나이었다. 정보를 공개하는 것도 능숙했고 비즈니스 업계에서도 잘나가는 사람들이었다. 그들은 자신이 알고 있는 노하우를 아끼지 않고 모두 무료로 공개했다. 동종 업계 사람들이 보기에는 당연한 것들이었지만, 이쪽 계열이 아닌 일반 사람들은 모르는 분야였기에 그 정보 자체로도 가치가 있었다. 대부분 자신이 알고 있는 것을 전부 알려주겠다는 마인드였다. 심지어 매우 꼼꼼하고 친절하게 알려주고 있었다. 나도 그들을 따라 하면서 알게 된 것이지만 정보는 꺼내면 꺼낼수록 유리하게 작용한다. 글을 읽다 보면 이 사람은 모르는 게 없다며 감탄하기도 한다. 그들은 인품이 느껴지는 사생활 관련 글을 투고하기도 하는데 이 부분이 좋아서 나도 그들을 흉내 내어 다양한 글을 올렸다.

내 경우에는 로고를 만들 때 어떻게 사고하는지 그 흐름을 전부 블로그에 기록했다. 결과적으로 내가 쓴 〈로고 만드는 방법 시리즈〉는 많은 사람이 읽었고 좋은 평가를 받았다. 처음에는 오히려 반신반의하며 글을 썼다. 사람들의 반응이 좋을 것이라는 확신 같은 건 없었다. 하지 않으면 손해랄 것도 없었다. 그저 모처럼

◆

쓸 기회가 생겼으니 해 보자는 마음이었다. 클릭 수가 엄청 많은 것은 아니었지만 확실히 일이 늘어났다. 로고 만드는 방법을 내 블로그와 페이스북에 올리면서 의뢰가 들어오는 루프가 만들어 졌다. 지금은 트위터가 더 효과적이라 선호하고 있다. 당시만 하더 라도 글로 표현할 수 있는 수단은 블로그와 페이스북뿐이었다. 이 무렵부터 인터넷을 무기로 활용해야겠다고 생각했다.

신입 프리랜서들이 추천하는 SNS가 있는지 자주 질문한다. 나는 할 수 있는 것은 모두 하는 편이 좋다고 대답한다. 넷net은 그물 이라는 의미이니 모든 SNS에 그물을 치고 정보라는 미끼를 던져 보는 것이다. 고객 유치 방법을 고민하고 있을 시간에 우선 전부 시도해 보자. 그러다 보면 자신에게 맞는 SNS가 무엇인지 알 수 있다. 이후에는 그것을 집중적으로 강화하면 된다.

참고로 내게 맞는 SNS는 트위터였다. 개그 콤비인 킹콩의 니시 노 아키히로나 호리에 타카후미를 잠깐 검색해 보길 바란다. 그들 은 엄청나게 많은 양의 글을 쓰고 있다. 블로그, 온라인 살롱, 메 일 매거진mail magazine, 동영상, 음성, 미디어와 같은 다양한 곳에서 글을 발신한다. 유명인이라서 발신량이 많다고 생각하겠지만 오 히려 그 반대다. 본업이 바쁜데도 그만큼 열심히 글을 쓰고 있는 것이다. 사람들이 알아봐 주고 그 결과 일로 이어지는 것이다. 나 는 그들의 발끝도 못 따라가고 있다.

## (3) 디자인의 힘을 알리고 싶다

블로그에 디자인에 대한 글을 쓰기 시작한 것은 셀프 홍보라 는 목적도 있었지만, 디자인의 가치와 디자인이 가지고 있는 힘을 세상 사람들에게 알리고 싶은 마음에서 였다. 15년 동안 근무했던 닌텐도는 부서와 직책에 상관없이 직원들 저마다 창작물에 대한 개인 취향이 강한 회사였다. 모두 디자인을 잘 이해하고 있었고 디자인의 장단점을 활발하게 이야기했다. 그만큼 디자이너를 향한 경의도 느껴졌다.

독립하고 회사를 벗어나 보니 사회는 생각보다 디자인에 관심이 없다는 것을 깨달았다. 그보다는 작업물을 빨리 만들어 달라는 말을 듣는 게 일상이 되었다. 사람들은 디자이너들이 심플하면서 질리지 않는 로고를 만들기 위해 얼마나 많은 시간과 기술을 들이고 있는지 잘 모른다. 나는 디자이너들은 어떻게 생각하고 있으며 이 디자인은 어떻게 만들어졌는지 그것이 어떤 효과를 가지고 있는지 알리고 싶었다. 결과적으로 내가 어떻게 디자인하는지 알릴 수 있었고 이것이 일로 이어졌다. 무엇보다도 디자인을 좋아하는 마음을 알리고 싶었다.

## (4) 오픈소스open source와 무료 공개의 파도

이렇게 로고 만드는 방법에 대한 기사가 늘어감에 따라 이렇게 노하우를 알려줘도 괜찮냐는 질문을 많이 받게 되었다. 노하우를 알려 준다고 해서 나와 똑같은 디자인은 만들 수 없다. 내가 하고 있는 생각과 비슷하여 친근감을 느낀 사례가 있었다. 바로 미스터치즈케이크Mr. CHEESECAKE라는 곳이다. 미스터치즈케이크는 지금 일본에서 가장 구하기 힘든 디저트 중 하나이다. 치즈케이크라면 사족을 못 쓸 정도로 좋아해서 다양한 종류의 치즈케이크를 먹어봤는데 이곳은 그중에서도 특히 맛이 있어 좋아하게 되었다.

미스터치즈케이크는 판매하는 케이크의 레시피를 모두 공개한다. 레시피를 공개해 봤자 케이크의 맛을 완벽하게 똑같이 구현하는 것이 불가능하다는 건 파티시에가 아니라도 알만한 사실이다. 내가 디자인 프로세스를 공개하는 것도 이와 같은 이치이다. 내 노하우를 공개적으로 계속 쓰다 보면 어느새 이름이 알려지고 일도 들어올 것이라고 생각했다. 디자인을 대중에게 알리는 기회이자 배우는 사람들에게도 좋은 정보를 나누는 일일 것이다. 나를 포함해 모든 사람이 행복해질 테니 이만큼 기쁜 일이 또 어디 있겠는가!

이 책을 집필하고 있는 현재는 노하우나 콘텐츠를 무료로 공개하는 일 자체가 시들해졌다. 최근 몇 년간 상황이 크게 바뀌었기 때문이다. 노하우나 콘텐츠를 무료로 공개한 유명한 사례로는 개그맨이자 그림 작가인 니시노 아키히로가 만든 그림책《굴뚝마을의 푸펠》이 있다. 서점에서 판매하는 책의 내용을 무료로 공개한 직후에 크게 비난받는 일이 있었다. 인터넷에서 읽는 것과 종이책으로 읽는 경험은 전혀 다른 이야기로《굴뚝마을의 푸펠》에서 공개한 내용은 책의 전체 중 일부에 불과했고 책을 구입해서 읽는 것이 훨씬 자세했다.《굴뚝마을의 푸펠》은 크게 히트했고 지금도 꾸준히 팔리고 있다. 무료 공개가 당연한 일이 되었고 전문을 공개하는 사람이 있는 것도 딱히 놀랄만한 일이 아니게 되었다.

크리에이터의 창작물을 올리는 플랫폼에서 가장 중요하게 다뤄지는 곳은 note(일본에서 블로그 포스팅을 올릴 수 있는 커뮤니티 사이트)였다. 2016년 당시만 하더라도 소설가나 에세이스트 등 글을 쓰는 사람들만 사용한다는 이미지가 강했다. 이미지가 바뀐 것은 2017

년 CXO Chief Experience Officer(최고 경험 관리자)로서 후카츠 타카유키가 취임한 이후부터이다. 크리에이터가 자신의 정보를 무료로 공개하는 걸 나는 비교적 빨리 시작한 편이다. 그 노력이 지금 빛을 보고 있는 듯하다.

# 32. 선택받는 디자이너가 되자

프리랜서가 일을 놓치지 않기 위해서는 어떻게 해야 할까? 누워서 떡 먹는 것처럼 아주 쉬운 방법이 있다(물론 농담이다). 바로 남들이 찾아올 수밖에 없는 퀄리티가 높은 디자이너가 되는 것이다. 나를 찾게 하려면 어떻게 해야 할지 끊임없이 노력하는 자가 승리한다. 반대로 이야기하면 퀄리티가 높다고 해서 먹고사는 문제에서 벗어날 수 있다는 말은 아니다.

그보다 중요한 것은 다음과 같다. 첫 번째 클라이언트의 마음에 자연스럽게 스며들어 나를 인지하게 하는 것, 두 번째 친밀한 관계를 만드는 것, 이렇게 두 가지이다. 나를 인지하게 하는 것은 소제목 31번과 소제목 34번을 참고하면 좋다. 여기서부터는 두 항목에 걸쳐 친밀한 관계를 만드는 것과 관련하여 두 편집자와의 만남을 이야기하겠다. 닌텐도를 떠나 독립을 시작했을 당시 두 개 정도 일을 맡아 작

◆

업하게 되었다. 하나는 어떤 가수의 티켓과 티셔츠 디자인, 두 번째는 햄버거 가게의 전반적인 디자인이었다. 막 프리랜서가 된 것치고는 꽤 좋은 성과였지만 당시에 나는 돈과 일에 대한 걱정이 많았다. 안정적으로 일거리가 들어올 것이라는 보장이 없었기 때문에 상당히 초조한 나날을 보내고 있었다. 이 초조함 덕분에 닌텐도를 그만두기 몇 개월 전부터 블로그에 글을 쓰기 시작했다. 블로그에 쓴 글이 일과 수입으로 이어진 지인이 있어서 그를 따라 열심히 글을 올렸다.

　　나를 홍보해야겠다는 가벼운 마음으로 '3만 5,000엔으로 로고 디자인합니다'라고 블로그에 글을 써서 올리기도 했다. 그 잠깐 사이에 의뢰가 들어왔는데 당황한 나머지 개시 3분 만에 모집을 그만두었다. 가격을 완전히 잘못 매긴 것이다. 연락했던 사람 중에는 나에게 너무 초조해하는 것 같다며 오히려 지적하는 분도 있었다. 이렇듯 나는 가격 하나 붙이는 일도 쉽지 않았다. 회사를 그만두고 외부 세계에 첫발을 뗀 지 얼마 되지 않아서 세상 물정을 하나도 모르고 있었다. 디자인은 자신 있었지만, 그 능력으로 먹고사는 건 다른 문제였다. 배운다는 생각으로 좀 전에 말했듯이 가격을 잘못 붙이는 실수도 많이 했다. 불안함과 고독을 떨치기 위해 멘토를 찾아나섰다.

**(1) 편집자 미노와 고스케와의 만남**
　　나의 전환점은 편집자인 미노와 고스케가 주최한 미노와 편집실에서의 활동이었다. 크게 마음먹고 적극적으로 활동하며 디자인도 열심히 했다. 그의 신뢰를 얻었고 많은 사람과 인연을 맺으며 일도 점점 늘어났다. 입사하고 맨 처음 한 일은 미노와 편집실의 로고를 디자인하는 것이었다. 반응은 딱히 없었지만, 처음이니까 그러려니 했다. 내가 커뮤니티 안에서 알려지게 된 계기는 이후에 진행한 전자책 프로젝트 때문이었다.

지인이 전자책을 만드는 프로젝트를 한다고 했을 때 디자인을 돕겠다고 했다. 책 디자인이나 프로모션용으로 사용할 카운트다운 고지 배너 등 여러 가지를 만들었다. 그 과정을 지켜보던 미노와 고스케는 뼛속까지 창조적이라고 말하며 칭찬해주었다. 그 덕분에 미노와 편집실의 많은 사람이 나를 디자인하는 사람이라고 인지하기 시작했다. 매우 기뻤지만 많은 고민 끝에 미노와 편집실은 그만두게 되었다. 사람들의 응원은 고마웠지만 내 일을 해야겠다고 생각했다. 구체적으로는 포트폴리오 북을 만들기로 했다. 이는 훗날 《NASU본》과 비슷한 것이었다. 구상만 있을 뿐 제작 작업은 좀처럼 진척이 없었다. 미노와 편집실 재직 중 알게 된 모리라는 사람에게 연락이 왔고 미노와 고스케의 '파도 위의 상점'이라는 회사 홈페이지 디자인을 만들게 되었다.

미팅에서 미노와 고스케의 요구사항은 명확했고 흥미로웠다. 그들이 원하는 콘셉트는 '멋도 없고 튜브나 샌들을 팔고 있는 수상한 상점'이었다. 당시 푹 빠져서 디자인한 덕분에 미노와 고스케와 가까워질 수 있었고, 다시 미노와 편집실에 들어가게 되었다. 그 무렵 미노와 편집실에서는 멤버 주최로 탄생한 기획이 몇 개 있었다. 미노와 고스케를 밀착 취재해서 다큐멘터리 영화를 만들거나 매일 note에 기사를 올렸다.

나는 그곳에서 많은 디자인을 만들었다. 디자인 투고가 들어오면 재빨리 제작했다. 당시의 나를 비유하자면 먹이를 주면 한입에 꿀꺽하는 물고기 같았다. 커뮤니티 내에서 하는 디자인은 업무의

연장선이라 무료로 진행되었다. 나도 본업이 있으니 시간을 많이 들일 수 없었지만 소홀히 하지 않았다. 속도와 퀄리티 둘 다 잡겠다고 다짐했다. 미노와 고스케 외에도 커뮤니티 내의 다양한 사람들 사이에서 내 디자인이 좋은 평가를 받았다. 이렇게 열심히 활동하자 디자인 실력이 점점 늘어나는 것이 느껴졌다. 전문 디자이너가 아니거나, 전문 크리에이터가 아닌 기업가 혹은 학생, 주부 같은 사람들이 내 디자인을 어떻게 바라볼지 디자인 회사에서 일할 때는 알 수 없었는데, 다양한 반응을 직접 가까이서 확인할 수 있어 좋았다. 일하게 된 지 몇 개월이 지났을 무렵 미노와 편집실의 디자인이 좋다며 SNS에서 화제가 되었다. 당연히 이 일을 계기로 다른 일도 많이 할 수 있었다. 커뮤니티 내의 활동비는 본인 부담이고 디자인도 무상이라 말하자면 완전히 마이너스였다. 하지만 나에 대한 인지도를 높일 수 있었고 그 뒤에 맡게 된 일들을 생각하면 10배, 아니 100배로 돌려받았다고 생각한다.

**(2) 편집자 사도시마 요헤이와의 만남**

《드래곤 사쿠라》와 《우주형제》 같은 무수히 많은 히트작을 만들고 크리에이터 에이전시인 코르크를 이끄는 사도시마 요헤이와 만난 계기도 미노와 고스케의 소개 덕분이었다. 미노와 고스케가 편집장을 하고 있던 《NewsPicks Book》의 1주년 기념 판촉물을 만들게 되었다. 이 판촉물은 나와 미노와 편집실의 팀원이 함께 만들었는데, 비교적 짧은 시간에 꽤 높은 퀄리티로 완성되었고 그 덕분에 미노와 고스케가 사도시마 요헤이에게 나를 소개해 주었다.

나 또한 사도시마 요헤이에게 관심이 있었다. 그가 오사카의 강연회에 온다는 소식을 듣고 참석하겠다고 트위터에 글을 남기기도 했다. 그러자 끝나고 시간 괜찮으면 만날 수 있느냐는 답장이 왔고, 함께 식사하는 시간을 갖게 되었다. 이 만남을 계기로 코르크의 작품과 나의 온라인 커뮤니티인 마에다 디자인실의 콜라보 기획 등을 진행하며 함께 일하게 되었다. 2018년에는 사도시마 요헤이가 강사를 하는 NewsPicks의 편집 부트 캠프boot camp라는 합숙도 참가했다. 그 뒤로도 그에게 여러 일을 의뢰받았다. 신인 작가를 배출하는 인디스 레이블인 '코르크 인디스CORK INDIES(현재는 코르크 스튜디오Cork Studio)'의 로고 디자인이나 여기에서 만든 작품과 야지마 켄지의 《콧페 군》, 츠키모토 치카게의 《츠키노모토》의 책 디자인도 할 수 있었다.

코르크 소속 디자이너들을 상담하거나 작가인 기시다 나미의 전자 상거래 사이트의 로고, 〈콧페 군〉의 캐릭터 리뉴얼 디자인 등을 하며 정말로 즐겁게 일했다. 이 모든 일은 미노와 고스케와 미노와 편집실 덕분이다. 그러나 가장 중요한 것은 신뢰였다.

나는 좋은 디자인을 만들었고 마감 기한도 대부분 잘 지켰다.

가치관을 이해하여 의뢰받을 수 있었던 오다이지니 약국의 로고

내 일처럼 열심히 한다는 평판 하나하나가 착실하게 쌓여서 그들의 신뢰를 얻을 수 있었다. 이것이 인연이 되어 나는 사람들이 찾아주는 디자이너가 될 수 있었다. 가장 먼저 본인이 하는 일이 무엇인지 홍보하여 사람들에게 나를 알리자. 그리고 이렇게 나를 알아봐 준 사람들과의 인연을 소중하게 이어가는 것이 중요하다. 나는 이것을 온라인 커뮤니티 내에서 시도했지만 분명 다른 방법도 있을 것이다. 이렇게 노력한 보람이 있었는지 코로나 여파로 어려운 상황에서도 일이 계속 늘어났다.

오다이지니 약국은 의료 벤처—GOOD AID 주식회사 대표인 핫토리 유타가 처방전 없이도 병원 약을 살 수 있는 약국을 만들겠다는 취지로 세운 곳이다. 내가 일하는 모습이 너무 즐거워 보여서 디자인을 의뢰하고 싶다고 먼저 연락해 주었다. 꽤 어려운 작업이었지만 그의 도전 자세에 많은 공감을 느꼈고, 현재도 좋은 결과물을 만들기 위해 열심히 작업 중이다. 이렇게 인터넷을 통해 본인의 이야기를 홍보하거나, 직접 움직여서 가치관이 맞는 사람과 인연을 맺을 수 있다. 이렇게 선택받는 자가 되려면 많은 노력이 필요하다.

◆

## 33. 시대를 읽고 쟁취해라

  똑같은 일을 무의미하게 반복하기만 하면 결국 낙오된다는 것은 어떤 일이든 마찬가지일 것이다. 그때그때 상황을 잘 파악하고 응용하는 것이 중요하다. 2020년은 코로나바이러스감염증이 전 세계를 맹렬한 기세로 덮친 한해였다. 사람들과 편하게 만나는 것이 예전보다 어려워졌고 상대적으로 인터넷에 흐르는 정보의 양은 늘어났다. 다양한 산업에서 이제까지 통용되던 방법이 더는 먹히지 않는 시대가 되었다. 사회의 변화가 극적으로 진행되고 있었기 때문에 나는 새로운 방법을 찾기 시작했다.

  **(1) 개인 상담을 늘린다**
  내가 기존에 하던 발신은 집단에게 맞춰져 있었다. 이 부분을 조금 수정해 개인의 비율을 늘리는 것에 집중했다. 구체적으로

무료로 개별 LINE 상담을 정기적으로 하고 있다.

는 누구나 들어올 수 있는 개별 LINE 상담을 무료로 진행했으며, 온라인 커뮤니티 내에서 '사시토크Sashitalk(선택한 상대 두 사람끼리 영상통화를 즐길 수 있는 서비스)'를 기획하여 일대일 상담도 정기적으로 시작했다. 사람들이 어떻게 그렇게 성실하게 일하느냐고 물어오곤 했는데, 그때마다 나는 외로움을 많이 타서 남들과 이야기하는 것을 좋아한다고 답한다. 그 덕분에 이렇게 일하는 것이 어렵지 않고 오히려 즐겁다. 앞에서도 몇 번이나 언급했지만 나는 사람들과 즐겁게 떠들면서 커뮤니케이션하는 것을 좋아한다. 탁구공 릴레이처럼 대화가 끊임없이 이어질 때 재미를 느낀다. 이렇게 평상시에도 꾸준히 일대일로 상담을 진행한 덕분에 LINE으로 커뮤니케이션을 하기 위해 들어오거나 일을 의뢰하는 사람이 늘어났다.

### (2) 24시간 연속 온라인 이벤트를 감행

집단을 위한 기획으로는 커뮤니티 멤버들의 도움을 받아 〈24시간 마에다 텔레비전〉을 구상했다.

〈24시간 마에다 텔레비전〉의 방송 모습

이름 그대로 다양한 게스트를 초대해 토크를 나누거나, 무언가를 만들면서 24시간 내내 Zoom으로 전송하는 이벤트를 진행한 것이다. 지금 같은 온라인 이벤트가 넘치는 상황에서 이 방송을 사람들이 보게 하려면 이 정도 노력은 해야 한다는 발상에서 시작되었다. 24시간 내내 이벤트를 하는 사람은 많이 없었기 때문에 당시 꽤 좋은 반응을 얻었다. 그 뒤에 만난 사람들 대부분은 이 이벤트를 알고 있었다. 시청용 티켓이 800엔, 기념 티셔츠를 3,000엔에 판매했는데, 경비를 공제하고도 15만 엔이라는 수익을 올렸다. 수익금은 전부 24시간 텔레비전(니혼 테레비에서 진행되는 24시간 논스톱 버라이어티 프로그램) 측에 전액 기부했다. 이 이벤트로 좋은 반응을 얻은 것은 나뿐만이 아니었다. 이벤트를 24시간 내내 전송한 멤버는 24시간 동안 방송했다고 SNS에 글을 올린 이후 새로운 일을 하게 되었다고 들었다. 요즘에는 정보가 넘치기 때문에, 사람들의 주목을 받으려면 이 정도는 해야 한다는 것을 알려주는 보기 좋은 사례이다.

### (3) 소규모 모임 장소를 만든다

우리 회사는 온라인으로 할 수 있는 일이 대부분이라 감사하게도 코로나바이러스의 영향으로 회사의 실적이 나빠지지는 않았다. 온라인 커뮤니티 역시 온라인으로 대화하기 이전부터 규모를 늘리고 있던 상황이라 참여를 희망하는 사람이 더 늘어났지만 딱한 분야, 코로나바이러스의 영향을 받은 사업이 있었다. 이제까지는 오사카와 도쿄에 있는 사무실을 업무용 사무실로 사용하고 있었고, 사무실에서 근무하고 있는 사람들에게 일을 우선으로

◆

마에다 디자인실의 비밀 기지의 모습

부탁하는 'NASU 길드'라는 온라인 커뮤니티를 진행 중이었다. 하지만 코로나 여파로 장소의 가치를 유지하는 것이 어려워져 사람을 줄이게 되었다. 이 문제를 해결할 대책이 없어 안타깝지만, 이 커뮤니티는 문을 닫기로 했다.

나는 포기하지 않고 다른 방법을 고민했다. 오사카에 있는 사무실은 나를 포함해 NASU 직원들이 평소에도 업무용으로 사용하고 있어서 괜찮았지만, 도쿄 사무실은 다이칸야마에서 가장 비싼 땅에 위치하고 있어 처치 곤란이었다. 적은 인원이라도 가끔 커뮤니티 멤버들과 만나게 될 때면 다른 사람들과도 만나고 싶다는 의견을 듣게 되었다. 이 장소를 활용해서 커뮤니티 멤버는 물론 멤버가 아닌 일반 사람들도 편하게 이용할 수 있게 만들었다. 최대 스무 명 정도는 들어갈 수 있는 장소라 혼잡하지 않았다. 이 장소를 마에다 디자인실의 비밀 기지로 만들기로 했다. 이렇게 활용하면 회사 사람들의 교류도 원활하게 유지할 수 있었고 일반인들도 사용할 수 있었다.

　이 발상은 시대를 읽고 변화에 발맞춰 유연하게 먼저 쟁취한 것이다. 우리 커뮤니티에서 24시간 방송을 내보낸 후 다른 커뮤니티에서도 비슷한 기획이 있었다고 들었다. 커뮤니티 중에는 실제로 실행하는 곳도 있었지만, 그 수는 아직 적어서 더더욱 해 볼 가치가 있었다. 아무도 시작하지 않은 일을 한다는 것은 그만큼 가치 있고 필요한 일이다. 실패해도 깨끗이 인정하고 방향성을 바꾸면 그만이었다. 코로나 시대에 살아남는 자는 시대를 읽고 빠르게 행동하며, 본인이 세운 방법을 여러 번 검증할 수 있는 사람일 것이다.

# 34. 흥미를 끌어라

　최근 인터넷이나 스마트폰의 보급으로 정보가 넘쳐나는 현대 사회를 서로의 시간을 빼앗는 가처분 시간(수면이나 식사 같은 생활을 유지하는 데 필요한 시간을 제외한 남은 시간을 말함)의 시대라고 부른다. 나는 아트 디렉터, 그래픽 디자이너로서 기업이나 점포, 제품 브랜딩 관련 작업을 하고 있다. 누구를 위한 서비스인지, 어떻게 만들고 싶은지, 향후 하고 싶은 일은 무엇인지를 스스로 물어본다. 이것이 잘 드러나도록 시각화하는 것이 내가 하는 일이다. 논리와 감성을 이용해서 확실한 효과가 있는 그래픽을 만들고 있지만, 오늘날의 디자이너는 비주얼이

◆

나 그래픽만으로 승부를 보기엔 부족하다. 좋은 디자인이 넘쳐나는 시대이기 때문에 평범한 디자인은 다른 디자인과 별반 차이를 갖지 않는다. 디자이너는 디자인에 부가가치를 붙여야 한다. 의뢰받은 대상에 숨어 있는 핵심을 끌어내고 한눈에 전달되는 비주얼을 구현하는 것이다. 본질을 파악하고 디자인하면 자연스럽게 차별화될 것이다. 그렇지만 말처럼 쉬운 일이 아니다. 좋은 디자인만으로는 사람들의 이목을 끌기 어려워 디자인을 접하기 전부터 흥미를 갖게 만드는 작업이 중요하다. 온라인 커뮤니티 미노와 편집실에서 가장 충격받은 사실 중 하나는 제작 중인 제작물을 계속 트위터에 공개하는 일이었다. 한번 디자인을 보여주면 몇 초 후에 어김없이 트위터에 올려졌다. 이런 일은 닌텐도에서는 상상할 수도 없는 일이었다.

처음에는 지금 만들고 있는 디자인을 보여주는 게 부끄럽고 불안해서 망설였다. 하지만 나중에는 그것이 자의식 과잉이라는 것을 깨달았다. 사람들은 그렇게 세세한 부분까지 보지 않으며, 만든 사람이 누구인지까지는 관심도 갖지 않았다. 점점 시야가 넓어졌고, 그보다 훨씬 중요한 것이 있다는 사실을 알게 되었다. 제작 과정을 써서 블로그에 글을 올리려면 어느 정도의 시간이 필요하다. 기사를 읽기 위해 방문하는 능동적인 액션이 필요한 것이다. 트위터는 멋대로 정보가 흘러들어오는 곳이라 디자인과 상성이 좋았다. 이 부분을 깨닫게 되자 나도 디자인 작업을 전부 트위터에 올리기 시작했다. 시간이 지남에 따라 많은 사람이 어떻게 업데이트가 되고 있는지, 디자인이 어떻게 발전하고 있는지 그 모습을 흥미롭게 지켜보기 시작했다. 트위터에 디자인으로 고민 중이라며 A디자인과 B디자인 중, 어느 쪽이 좋은지 묻는 글도 올렸다.

◆

결정된 옥외 광고 디자인

JR 이타미 역에 게재된 포스터

　　마쓰타니 화학공업 주식회사에서 옥외 광고 제작을 의뢰했다. 고향이자 내가 현재 살고 있는 효고현 이타미시 이타미역 앞에 세워지는 광고였다. 마쓰타니 화학공업은 식품 업계에 다수의 가공 전분 제품을 제공하고 있는 곳으로 창업 100주년이 넘은 기업이며, 국내 점

유율 역시 가장 높은 곳이다. 의뢰한 빌딩의 옥외 광고는 예전부터 마쓰타니 화학공업 측에서 만들고 있었지만, 여러 상황으로 인해 리뉴얼 작업을 하게 되었다고 했다. 나는 이 회사와 예전에 다른 일로 인연이 있었고, 그 덕분에 광고를 재미있게 리뉴얼하고 싶다는 의뢰를 받을 수 있었다. 닌텐도 재직 시절에도 옥외 광고 디자인을 자주 했지만 독립하고는 처음이었다. 나는 재빨리 디자인 작업을 시작했는데 내가 생각한 재미와 마쓰타니 화학공업이 생각하는 재미의 의견 차이를 좁히기 위해서였다. 수많은 제안을 거쳐 결정된 것은 다음의 로봇 디자인이었다. 이타미시에는 JR과 한큐 전철이 다니고 있어서 옥외 광고라면 이 디자인이 적합하다고 생각했다. JR 역에는 포스터를 붙이기로 했다.

로봇의 이빨은 마쓰타니 화학공업의 기업 로고이다. 이렇게 디자인된 것은 마쓰타니 화학공업의 주문 때문이었다. 기업 로고는 신중하고 진지하게 생각했기에 나는 평범한 이빨을 제안했다. 하지만 마쓰타니 화학공업 측은 어차피 해야 한다면 재밌게 하고 싶다며 이빨을 로고로 표현해 달라고 주문했다. 마쓰타니 화학공업에서 광고나 디자인의 본질을 꿰뚫고 있어서 놀라웠다. 이 주문은 무사히 통과되었지만 새롭지 못한 내 발상에 대해서는 반성하게 되었다. 포스터에는 '전분'이라고 쓰여 있다. 포스터를 보면 어떤 광고인지 짐작할 수 있지만, 빌딩 옥외 광고는 마쓰타니 화학공업의 '마'라는 글자는커녕, 전분의 '전'도 찾아볼 수 없었다. 로봇만 덩그러니 있어서 언뜻 보면 무슨 광고인지 짐작할 수 없는 게 재미있게 느껴졌다.

광고가 게재된 빌딩은 역 앞에 위치해 있어서 누군가 로봇 광고 아래에서 만나자는 약속을 하고 있을지도 모른다는 생각이 들었다.

길을 설명할 때 로봇이 있는 빌딩의 오른쪽으로 돌아서 오라고 언급할 때도 있을 것이다. 아이라면 저 로봇은 무엇이냐고 부모님에게 물어볼지도 모르겠다. 이것이 내가 노리는 부분이었다. 10년, 20년, 이 광고가 오래되면 될수록 누군가의 추억이 되고, 이타미에 있는 비밀 명소가 될 것이다. 시간을 들여 이타미 시민 모두의 마음속에 자연스럽게 스며들어 흥미를 끌 것이다. 아울러 역 앞의 포스터를 보게 된다면 저 빌딩의 로봇은 대체 어떤 광고였는지 궁금증을 해소하는 장치가 되었으면 좋겠다.

마쓰타니 화학공업의 디자인 제작 과정의 전반적인 이야기는 커뮤니티 마에다 디자인실에 올려두었다. 맨 처음 제안서를 제출할 때부터 디자인을 생각하고 만드는 과정을 모두 공개했다. 마에다 디자인실 멤버에게 일과 관련된 이야기를 하고 싶다는 생각에서 올린 것이지만, 일반적으로 기업에 제출하는 제안 자료는 공개적으로 찾아보는 것이 어렵다. 나의 제안 자료가 공부에 많은 도움이 된다고 이야기해 주는 분들이 계셔서 감사하게 생각한다. 마쓰타니 화학공업 사례의 글을 많이 올렸으니 커뮤니티 멤버들의 마음에도 지금쯤 이 디자인이 스며들었을 것이다.

디자인을 의뢰하는 대부분의 클라이언트는 커뮤니티 내에서 제안서를 공개하는 걸 허락해 주는 편이다. 제안서를 공개하면 커뮤니티 멤버나 트위터 팔로워들이 자연스럽게 그 기업을 인식하게 된다. 바로 이 가치를 이해하는 것이다. 디자인을 만드는 데 급급하기만 한다면 다른 디자인과 다를 게 없는 평범한 디자인이 만들어질 것이다. 인터넷으로 정보를 발신한 덕분에 커뮤니티에서 주목받더라도 정작 퀄리티가 따라오지 않는다면 아무 의미가 없다. 흥미를 끈다는 것은 뇌를 자극하는 좋은 디자인이라는 것이고, 내가 하는 일은 이것을 반복하는 것이다.

　디자인 능력이 뛰어나니 이런 과정은 필요 없다고 생각하는 사람도 있을 것이다. 디자인에 자신이 있더라도 요즘처럼 디자인이 생활의 필수가 된 크리에이티브 업계에서 남들과 똑같다면 존재감은 사라지고 말 것이다. 나만 해도 게임 회사 광고부 출신으로 독립 당시 나이도 38세로 늦은 편이었다. 시대를 읽고 변화에 대응하며 할 수 있는 것은 다 해 봐야 한다. 지금은 인터넷과 커뮤니티에 힘을 쏟고 있다. 앞으로 다른 새로운 것이 등장할 때마다 나는 가장 먼저 그것을 시험하고 실천할 것이다. 내가 만든 디자인을 최대한 많은 사람이 볼 수 있도록 무엇이든 하고 그들의 마음을 사로잡을 것이다. 디자인 하나만 파고들지 않고, 디자인의 잠재 능력을 최대한 발휘할 수 있도록 할 수 있는 건 다 해 볼 생각이다. 오늘날의 디자이너에게는 이러한 마음가짐이 무엇보다 필요하다.

◆

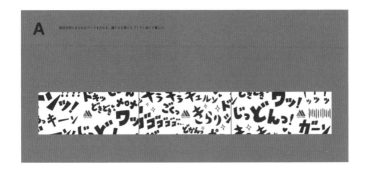

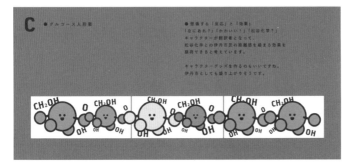

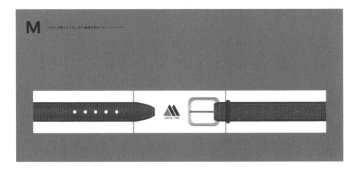

마쓰타니 화학공업에 제안한 옥외 광고 프레젠테이션 자료

**D** 松谷化学院 デビュー・シングル『タンプファンタジ』店頭の導入え

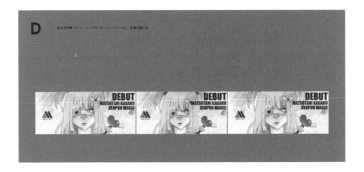

**B** 視力検査に松谷化学のワードが商品に入れ

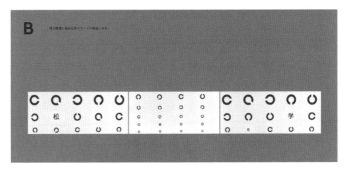

**E** ドンドン継ぐ人がいない、白いドットロでもよく、現代ナート。

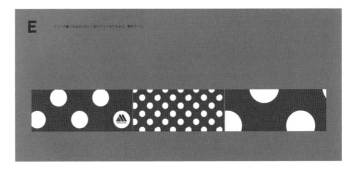

◆

## 35. 일은 창조하는 것이고, 돈은 쓰는 것이다

　회사를 퇴직하고 프리랜서를 거쳐 다시 내 회사를 차리고 직원을 고용하게 되자 일과 돈에 대한 생각이 많이 바뀌었다. 돈은 착실하게 쓰는 것이며 나중에 배로 불려 회수해야 한다는 마인드가 생겼다. 나는 20대 무렵부터 자기 계발 투자를 게을리하지 않았는데 특히 책에 하는 투자는 아끼지 않았다. 읽고 싶은 책이 생기면 가격도 보지 않고 샀다. 영화나 세미나도 마찬가지였다. 능력을 향상하는 데 도움이 된다고 생각하면 돈을 아끼지 않았다. 일류 디자이너가 아니라는 콤플렉스가 있었기에 조금이라도 게으름을 피우면 점점 멀어진다고 생각했다. 남들을 따라잡기 위해 무엇이든 다하겠다고 마음먹었다.

　요즘은 디자이너의 형태도 다양해져서 이제는 내 길을 가면 된다는 생각을 하게 되었다. 당시에는 길이 딱 하나밖에 없다고 생각했는데, 이 투자 마인드는 독립 후에 더욱 강해졌다. 나뿐만 아니라 다른

대담 중 한 컷 (좌: 다케무라 슌스케 / 우: 마에다 타카시)

◆

사람에게도 투자하는 것을 아끼지 않게 되었다. 이렇게 말하면 어떻게 들릴지 모르겠지만, 때론 사람도 투자의 대상이 되었다. 편집자이자 WORDS 대표인 다케무라 슌스케의 회사 로고를 디자인했을 때, 나는 그에게 디자인 비용은 받지 않았다. 나와 다케무라 슌스케의 인연은 그가 다이아몬드 사에서 독립하기 훨씬 전, note에 열정적으로 글을 쓰던 시기에 그가 쓴 기사를 읽으면서 시작이었다. 그의 글은 나에게 깊은 인상을 주었고, 나는 매번 note에 그의 글이 올라오기

다케무라 슌스케가 대표로 있는 WORDS의 로고 디자인

많은 저명 인사에게 준 다케무라 슌스케의 명함

◆

를 기대했다. 기사를 공유하는 일도 있었는데 그 계기로 그와 트위터에서 짧게나마 대화를 나눠보기도 했다.

용기를 내서 이번에 도쿄에 가는데 만날 수 있는지 SNS로 메시지를 보냈는데, 그는 흔쾌히 나와 만나기로 했다. 다케무라 슌스케는 내가 미노와 편집실에서 많은 디자인을 했다는 것을 알고 있었다. 미노와 편집실의 디자인 간판은 나라고 말해주며 덕분에 비약적으로 발전할 수 있었다고 이야기하기도 했다. 그는 앞으로 독립하게 되면 우리 회사 디자인의 간판도 되어줄 수 있느냐고 물었다. 언어 능력을 키우고 싶다는 생각과 편집자에 대한 동경심이 있어서 그렇게 제안해 준 자체가 영광이고 기뻤다. 로고 디자인을 무료로 진행하기로 하고 의뢰를 수락해 주었다. 다케무라 슌스케는 무료로 작업한다는 것에 미안해했지만 나는 괜찮다고 대답했다.

로고 디자인의 진행 상황을 트위터에 공개하며 작업을 진행하기로 했다. 로고 디자인을 만드는 방법이라는 주제로 다케무라 슌스케와 대담을 나눴고 커뮤니티 멤버가 우리가 나눈 대담을 기사로 작성했다. 이렇게 제작 과정부터 오픈 한 사례도 있다. 이 로고 디자인 과정을 담은 트위터와 대담 기사는 널리 퍼져나갔다. 뛰어난 편집자인 다케무라 슌스케의 WORDS 명함은 여러 곳에 배포되었다. 내가 동경하는 미즈노 마나부도 그 명함을 받았다.

프리랜서가 된 후 뼈저리게 느낀 것은 알아봐 주는 것이 중요하다는 사실이다. 아무리 디자인 능력에 자신이 있고 실력이 좋아도, 나를 알아봐 주고, 디자인을 의뢰하고 싶다는 사람이 없다면 소용 없는 일이다. 사람들이 나를 알아봐 주는 것 자체가 매우 가치 있는 일이라 디자인한 것을 트위터나 기사로 자유롭게 홍보하며 제작과정을 노출했다. 창업한 지 얼마 되지 않았을 땐 디자인료는 10만 엔이라는 비즈니스적인 문장보다는 무료로 일을 수락하더라도 완벽하게 마무리하여 끈끈한 관계를 구축하는 것이 훨씬 가치 있는 일이 될 수 있다. 실제로 다케무라 슌스케와의 인연으로 회사 홈페이지를 제작할 수 있었다. 프리랜서 중에는 절대 무료로 일하지 말라고 주장하는 사람도 있다. 무슨 뜻인지는 잘 알고 있다. 하지만 나는 함께 일하고 싶은 사람의 믿음을 얻고, 그 사람과 동료가 될 수단으로 무료로 일을 받은 경우라서 작업이 가능했다. 계속 무료라고 이야기하지만 결국에는 나를 알릴 좋은 기회라는 가치로 환원되었기에 나로서는 오히려 이득인 셈이었다.


## 36. 행복 회로를 돌리자


바로 앞에서 소개한 방법은 쉽게 설명하면 일시적으로 빚을 진 상태이다. 하지만 꾸준히 하다 보면 관계를 유지하는데 도움이 된다. 시간이 지나면 맨 처음 빚은 변제될 뿐만 아니라 오히려 플러스가 되어 돌아온다. 투자 이익금이 뒤에 있는 것뿐이다. 회사를 다닐 때는 돈을 쓰는 일에 소극적이었고 지갑에서 돈이 빠져나간다고 생각했다. 하지만 회사를 그만두고 4년 이상이 흐르고 보니 세상의 모든 일은 직선에서 원으로 바뀐다는 사실을 깨닫게 되었다. 직선은 지갑에서 돈이 나가는 것으로 돈이 지갑 안으로 다시 들어오지 않고 나가기만 하는 일방통행, 즉 소비이자 낭비였다. 그러나 시간이 지나 돈이 크게 순환하여 돌아오는 것은 투자이다. 돈을 잘 사용하면 돌아오는 돈도 커진다. 하지만 반대로 돈을 순환시키지 않으면 당연히 돌아오는 돈도 없을 것이다. 나는 예전부터 기술에 투자해왔는데 최근 몇 년 사이에 사이클이 커져 결실을 보기 시작했다. 이것은 단순히 돈에 국한된 이야기가 아니다. 행동도 순환하는데, 나는 이것을 'HAPPY LOOP'라고 부른다. 이 'HAPPY LOOP'와 관련된 소비 방법 예시 두 가지를 소개하겠다.

### (1) 탁구대로 맺은 인연

맨 처음 사무실을 준비했던 시기는 2018년이었다. 신오사카 근처의 맨션 중 한 곳이었는데 사무실에 상징적인 가구를 놓고 싶다고 생각했다. 전 닌텐도 동료인 사노의 소개로 오피스 데스크 겸 탁구대의 존재를 알게 되었다. 재직 시절에는 서로 모르던 사이였지만 SNS를 통해 전 직장 동료라는 공통점을 가지고 있어 인연을 맺게 되었다. 사무실에 탁구대가 있으면 재미있을 것 같아서 무의식적으로 구매했다. 한 대에 30만 엔으로 저렴한 가격은 아니었지만 좋을 것이라는 확신이 들었다. 당시 사무실에 놓기에는 탁구대가 좀 컸지만 좋은 추억이 되었다. 무엇보다 이 탁구대를 산 덕분에 후일담이 탄생했다.

탁구대를 소개해준 사노가 근무하는 스벤슨 홀딩스SVENSON HOLDINGS의 탁구 용품 브랜드 T4의 일을 맡게 된 것이다. 마에다 디자인실 맴버 중에 탁구부에 소속되었던 고등학생 크리에이터(현재는 대학생)가 있어 협업이 가능했다. 그가 디자인하고 내가 디렉션을 맡았다. 나중에 야후 뉴스에도 게재되어 화제가 되기도 했다. 후일담은 아직 더 있다. T4 측은 오사카 빌딩을 리뉴얼 했는데, 해당 회사의 사무실을 임대하지 않겠냐고 제안해왔다. 신오사카에 사무실을 준비한 지 1년도 지나지 않은 시기라 이전은 아직 이른 것 같아 망설여졌다. 하지만 직접 둘러보니 너무 멋진 곳이어서, 그 자리에서 바로 오사카의 난바로 사무실 이전을 결정하게 되었다.

T4 오사카 빌딩은 사람과 문화가 융합한 커뮤니티 빌딩으로 바뀌었다. 사람과 만나는 것을 좋아하는 나에게 딱 맞았고, 우리 회사에도 적합한 공간이었다. 탁구대 한 대를 구입한 계기로 T4와 인연이 생겼고 '24시간 마에다 텔레비전'을 했을 때도 1층 카페를 흔쾌히 사용하게 해주었다. 후일담은 현재 진행형이라 최근에도 새로운 업무 이야기가 오갔다. NASU는 탁구 시설을 만드는 프로듀스 팀으로 정식으로 참여하게 되었다. 이렇게 행동 하나가 계기가 되어 인연을 맺는 순간이 가장 기분 좋다.

### (2) 팬션의 공동 오너가 되다

편집자인 미노와 고스케가 프로듀스한 미노펜이라는 펜션의 공동 오너가 되었다. 사이타마의 지치부에 있는 사우나가 딸린 펜션이었다. 투자 금액이 100만 엔 정도로 꽤 비쌌지만 제일 먼저 지원했다. 재미있는 사람들과 만날 수 있는 기회였기 때문에 망설이지 않았다 (멤버 중에는 매우 유명한 사람이 있다). 투자금 100만 엔은 언젠가 배가 되어 돌아올 것이란 생각이 스쳐 지나갔다. 솔직히 아무 보상이 없더라도 상관없었고 그보다는 다양한 인연을 만들어 두면 언젠가 도움을 주고 받는 관계가 될 수 있을 거란 생각에 흥미로웠다. 때로는 대수

롭지 않게 생각한 인연이 서로 얽히기도 해서 인연을 만드는 것을 두려워한다면 주변에 남는 사람도 없고 아무런 소득도 얻지 못할 것이다. 어쩌면 금액으로만 봤을 때 100만 엔도 손해일지 모르지만 그래도 상관없었다. 인연을 만드는 일은 그만한 가치가 있다. 반드시 어딘가에서 도움이 되기 때문이다.

돈과 인연에 대해 이야기하다 보니 우리 회사의 고문 세무사 다니구치가 융자를 받아 보자고 제안해서 놀랐던 일이 떠오른다. 지금 딱히 돈을 빌릴만큼 재정적인 문제는 없다고 대답했더니 그러니까 지금 빌려두는 것이라며, 제대로 갚았다는 실적을 만들어두면 정말로 융자가 필요할 때 빌리기 쉽다고 말해주어서 눈이 휘둥그레졌다. 좀 전의 내 행동과 비슷하게 보이지 않는가? 공짜나 싼값으로 디자인을 해주면 내 수중에는 일시적으로는 돈이 들어오지 않는다. 하지만 일을 완벽하게 마무리해서 결과물이 사람들에게 알려지면 그걸 계기로 다른 일도 하게 되니 결국 마이너스가 아니다. 또다시 디자인 일을 할 수 있다는 건 애초에 회사원 시절에는 불가능했다.

크리에이티브 디렉터인 아시타노 시카쿠나, 오가키 가쿠도 나와 생각이 같았다. 사무실 옆방을 개조해서 갤러리로 바꾸었더니 사람들이 찾아오기 시작했고 이를 계기로 새로운 업무가 탄생했다고 한다. 이런 식으로 창조적인 일에 적절한 돈을 사용하고 싶다. 아직 독립하지 않은 회사원이라면 자신의 능력을 키우는 일에 아낌없이 투자하길 바란다. 책, 세미나, 오락 등 방법은 다양할수록 좋다. 언젠가 회사를 그만두고 독립하고 싶다면 SNS를 활용해 팬을 만들어보자. 온라인 커뮤니티를 통해 인연을 늘려서 서로 좋은 자극이 되는 동료들을 발견하자. 블로그에 글을 올려 원만한 커뮤니티를 만들자. 인생

◆

은 투자에서 시작된다고 해도 과언이 아니다.

## 37. 디자인은 지양이다

2020년에 책 디자인을 의뢰받았다. 예전 덴쓰에서 마케터로 근무했고, 지금은 영화감독으로 활동하는 사카하라 아쓰시의 《직선은 최단 거리인가?直線は最短か(국내 미출간)》라는 책이다. 의뢰를 받았을 당시 책의 주제가 변증법이라는 것을 듣고 망설여졌다. 변증법이라는 단어와 그 뜻을 정확히 몰랐기 때문이다. 디자인하는 책의 내용도 모르고 일을 맡는다는 것은 무책임하다고 생각했다. 사카하라 아쓰시와 만나 변증법에 대해 자세한 설명을 듣게 되었는데 나도 모르게 평소에

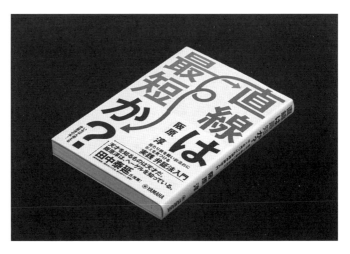

다케무라 슌스케가 대표로 있는 WORDS의 로고 디자인

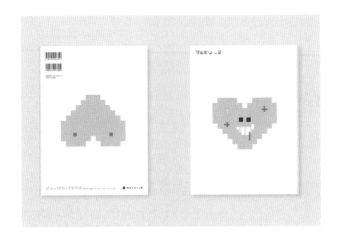

마에다 디자인실에서 만든 잡지 《마에본2》

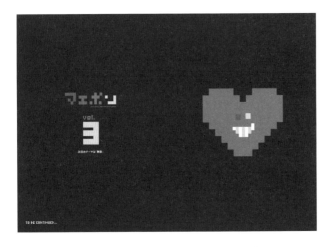

원래 '끝내며'였지만, 다음 화 예고로 기획을 변경 한 페이지

변증법을 실천하고 있었다는 확신이 들었다. 교만한 생각일지 모르지만 어쩌면 내가 가진 특기가 변증법일 수도 있다는 생각이 들었다.

어떤 전제조건 A와 모순되는 B라는 조건이 있다. A도, B도 아닌

◆

이 둘을 초월한 C라는 아이디어로 끝맺는 것이 변증법이다. 이 결론에 도달하는 과정을 지양止揚(일반적으로는 사물에 관한 모순이나 대립을 매개로 하여 고차적인 단계에서 통일하는 것을 가리킴)이라고 부른다. 이번에는 내가 실천하고 있는 지양이 무엇인지 소개하겠다.

### (1) 《마에본2》의 '끝맺음'은 《마에본3》을 위한 포석

우리 커뮤니티에서 만든 잡지 《마에본2》를 제작하던 중 겪었던 에피소드이다. 《마에본》은 두 번째 잡지를 제작 중이지만, 월간지 같은 정기간행물이 아닌 그때그때 주제를 정한 구성conceptual의 형태로 만들고 있었다. 두 번째 잡지의 주제는 '실패는 가슴과 같다!'였다. 실패를 두려워하지 않고 도전한다는 의미를 두었다.

이 테마를 너무 의식해서 초기에는 페이지를 이렇게 구성했다.

❖ 들어가며

❖ 하트 도어 Heart door

❖ 끝내며

'들어가며'는 주제가 무엇인지 이야기하는 첫 메시지였는데 생각보다 평범했다. 이어지는 '하트 도어'도 도대체 무슨 이야기인지 감을 잡을 수 없었다. 여기에도 나름의 역할이 있었다. 이 잡지는 후반으로 갈수록 처음 읽는 사람들에게 실패를 두려워하지 말라는 주제의 기사가 대부분이었다. 디자인적으로도 가슴을 연상하는 하트는 꼭 필요한 부분이었다. 문제는 '끝내며'였다. 이 부분은 주제를 반복하기만 해서 '들어가며'와 큰 차이가 없고 오히려 지루하게 느껴졌다.

'끝내며' 자체를 없애자는 의견도 나누다가 문득 아이디어가 떠올랐다. '끝내며'라는 것은 진짜 끝이란 의미가 아니라 다음에 나올《마에본3》의 포석으로 사용해 보기로 한 것이다. 나는 곧바로 그 자리에서《마에본3》의 러프 디자인을 만들었다. 이 책을 출판하는 시점에서도《마에본3》는 간행되지 않았고 기획 예정도 없었다. 재미없게 끝내기보다는 'To be continued' 식으로 계속된다는 의미를 부여하는 편이 희망적이라고 생각했다.

### (2) 편집자를 게스트로 초대하다

내가 주재하는 마에다 디자인실에서는 한 달에 한번 게스트를 초대하여 이야기를 나누는 모임을 갖는다. 코로나의 세계적인 유행 이후에는 온라인으로 모임을 진행했는데 그만큼 게스트를 부르는 기회도 늘어났다. 책의 발매를 기념해 영화 감독인 키리야 카즈아키 감독이 모임의 게스트로 오면 좋겠다고 생각했고, 그의 책을 만든 편집자에게 허락을 구했다. 키리야 카즈아키 감독은 유명한 사람이라 당연히 잘 알고 있었지만, 반대로 키리야 카즈아키 감독은 나에 대해 잘모르고 있었기 때문에 게스트로 초대하는 것이 문제였다. 자연스러운 분위기가 조성되지 않을 것 같았고 초대받은 당사자도 재미없을 것 같았다. 이 이야기를 제안했을 당시 키리야 카즈아키 감독은 책을 홍보하느라 매우 바쁜 시기를 보내고 있었다. 다행히 이야기는 성사되었지만 시간을 맞추는 것이 쉽지 않았다. 그가 게스트로 온다는 것 자체는 기뻤지만, 일면식도 없던지라 이야기를 잘 이어나갈 수 있을지 확신이 서지 않아 염려스러웠다.

변증법 논리로 생각한 결과, 감독 대신에 편집자인 오토마루 마사노부가 게스트로 참석하기로 했다. 그와는 전부터 면식이 있었기에 어느 정도 그림이 그려졌다. 나는 그가 편집한 책도 좋아했기 때문에 꼭 한번 오토마루 마사노부를 게스트로 초대한 모임을 열고 싶었다. 마에다 디자인실에는 크리에이터가 많으니, 오히려 책을 제작하는 오토마루 마사노부의 이야기를 듣는 것이 더 마음에 와닿을 것이라고 생각했다. 계획을 완전히 바꿔 모임은 편집자인 오토마루 마사노부를 게스트로 초대하여 책 제작과 관련된 뒷이야기를 들어보기로 했다.

오토마루 마사노부의 이야기로 듣는 키리야 카즈아키 감독의 이야기는 매력적이었다. 이해하기 쉽게 설명해준 덕분에 이 만남 이후 키리야 카즈아키 감독의 책을 구입한 커뮤니티 멤버가 많아졌다. 우리 커뮤니티에는 약 350명 정도의 사람들이 있었는데 이 중에서 책을 구매한 사람이 대부분일 정도다. 대부분이 트위터에 열정적으로 책에 대한 감상 평을 남겼다. 어떤 대기업 방송에서 이 모임이 화제가 되었다는 소식을 듣고 오토마루 마사노부와 마에다 디자인실에서 진행된 토크 내용을 기사로 쓰고 싶다는 연락이 왔다.

### (3) 지점장 제도를 도입 한, 아오야마 북 센터 커뮤니티

우리 주식회사 NASU에서는 2019년부터 커뮤니티 사업을 시작했다. 이 사업은 내가 마에다 디자인실의 대표를 했던 경험과 매니저인 하마다가 회사에 들어오게 된 것이 계기가 되었다. 내가 예전부터 좋아했던 아오야마 북 센터는 마에다 디자인실의 책이 잘 팔리게 된 계기를 만들어 주었다. 그러다가 아오야마 북 센터의 커뮤니티 운영 서포트를 해달라는 의뢰가 들어왔다. 아오야마 북 센터의 야마시타 점장의 목표는 가게의 확장과 책 판매를 돕는 커뮤니티를 만드는 것이었다. 그의 요구사항을 수락하고 커뮤니티 내용을 설계하여 런칭했다. 커뮤니티를 개시하고 3개월이 지났을 무렵 코로나바이러스 감염증이 무서운 기세로 퍼져나갔다.

아오야마 북 센터의 커뮤니티는 온라인 커뮤니티였지만, 서점 진열대를 커뮤니티 멤버가 직접 꾸밀 수 있게 하여 가고 싶은 서점으로 만드는 것이 목표였다. 처음에는 온라인 교류에 큰 관심이 없었다. 가입하는 사람 대부분이 이 서점의 팬이었고 처음으로 온라인 커뮤니티를 시작하는 사람들이 많았기 때문이었다. 하지만 코로나 여파로 인해 외출이 어려워지자 상황이 바뀌었다. 방침을 바꿔서 온라인 이벤트의 횟수를 늘렸는데 방침을 바꿔도 멤버 수는 생각처럼 늘어나지 않았다. 초기 계획대로 매장 내에서 진열대를 만들 수 없는 게 불만인 사람들이 많았다. 그렇다고 손을 놓고 있을 수는 없었다.

나와 운영팀의 하마다, 마쓰시타와 야마시타 점장과 회의를 진행했다. 코로나 때문에 매장의 매출이 줄었고 기존에 없던 새로운 일이 늘어나 더 이상 커뮤니티를 지원하는 것이 사실상 어렵다고 말했다. 커뮤니티의 방침을 바꿔서 모임에 참여한 사람들이 가치를 느낄 수 있게 만들고 싶다고 했다. 커뮤니티 멤버가 매장에서 할 수 있는 일이 없을까 생각했다. 이제까지는 멤버가 매장을 위해 여러 활동에 참여했지만 결국 야마시타 점장이 함께 일해야 한다는 점에서 원점이었다. 멤버 대부분은 매장 진열대를 만들거나 직접 아오야마 북 센터에 도움이 되기를 바랐다. 나는 이 상황을 변증법으로 다음과 같이 제안했다. 행동하는 커뮤니티로 방침으로 바꾸자고 새로운 제안을 한 것이다. 야마시타 점장이 일하지 않고 커뮤니티의 오너 역할을 멤버들이 직접 하는 건 어떨지에 대해 이야기를 나눴다.

이름하여 '지점장 제도'였다. 아오야마 북 센터를 지탱하는 것은 인터넷 지점 격인 아오야마 북 센터 커뮤니티였다. 매장에 나와 진열대나 책자를 만들고, 매장의 상태를 인터넷에 알려 책 판매에 도움을 준다. 중심인물을 지점장이라고 부르고 커뮤니티의 오너가 된다. 혼자 모든 책임을 지게 되면 부담이 너무 크기 때문에 지점장은 교대로 돌아가는 것을 제안했다. 매장 측의 부담도 줄이면서 확실한 도움을 주고 싶다는 커뮤니티 멤버의 희망 사항도 충족할 수 있었다. 애매했던 커뮤니티 방침도 제대로 재정의할 수 있는 기회였다. 이렇게 어떤 전제 조건과 이에 상반되는 문제가 생겼을 때는 지양하는 것이 필요하다. 이 방법은 디자인은 물론 다른 기획에서도 적용할 수 있다. 흔히 디자인은 문제를 해결하기 위해 존재하는 것이라고 생각한다. 여기에서 문제를 해결하는 사고 프로세스가 바로 지양이다. 디자인이 바로 지양 그 자체라고 나는 큰 목소리로 이야기하고 싶다.

아 오 야 마   북   센 터   커 뮤 니 티   지 점

서점의 확장을 지양하는 아오야마 북 센터 커뮤니티 지점

◆

# 38. 신경 쓰이는 일을 계속하면 콘텐츠가 된다

'오니피드백®'이라는 콘텐츠가 있다. 이는 내가 시작한 기획으로 일류 디자이너와 아트 디렉터의 육성을 고려하여 퀄리티를 유지하기 위해 세세하게 조정하는 피드백을 말한다. 이름 자체는 오니鬼(귀신을 일컫는 말인데, 비유적으로 무서운 호랑이라는 뜻으로 해석할 수 있다)이지만, 피드백을 받는 과정에서 오가는 이야기가 상상을 초월할 정도로 많다는 의미에서 비유적인 표현으로 '오니'라고 이름 지었다. '오니피드백'의 세미나와 이벤트도 개최하고 있다. 지금은 나만의 콘텐츠로 성장 중이며 우리 회사에서 상표 등록도 끝냈다.

종종 프리랜서들이 새로운 서비스를 만들고 싶은데 어떻게 하면 좋은지, 어떻게 하면 돈을 벌 수 있는지 물어온다. 나 또한 겪었던 과정으로 독립하고 얼마 되지 않았을 무렵에는 언제 일이 들어올지 모른다는 생각에 항상 불안해하며 지냈다. 그 불안을 떨치기 위해 새로운 서비스를 많이 생각했고 그만큼 열심히 일했다. 그중 하나가 무료 디자인 피드백 서비스였다. 내 본성이기도 하고 디자이너가 가진 직업병이기도 하지만, 거리에 보이는 것, 인터넷에서 본 것 등 다양한 디자인을 볼 때마다 그 디자인이 좋든 나쁘든 상관없이 항상 신경이 쓰였다.

이렇게 바꾸면 훨씬 좋을 텐데, 저렇게 수정하면 더 나아질 텐데, 이런 생각들로 발전 가능성이 보이는 디자인을 발견하면 마음속의 어도비 일러스트레이터를 사용해서 디자인을 수정하곤 했다. 독립한 뒤에는 디자인에 익숙하지 않은 사람들과 만나는 일이 많아졌는데, 이 직업병을 핑계로 일도 아닌데 이런저런 피드백을 함부로 해줄 수는 없는 노릇이었다. '디자인 질문 상자'라는 이름을 붙인 무료 디자인 상담 기획을 생각했다. 2016년에 서비스를 시작했는데 상담했던 사람들이 나중에는 디자인을 의뢰해 오기도 했다. 좀 더 클라이언트

2016년에 시작한 '디자인 질문 상자'

2017년에 시작한 기획 '사랑의 디자인 조언'

를 늘리고 싶은 생각에 시작한 일이지만 아쉽게도 문의는 거의 오지 않았다. 주변에 아는 디자이너가 별로 없기도 했고, 갑자기 디자인 관련 질문을 한다는 게 어려웠을 것이다. 무엇보다 내가 보기에 훨씬 좋아질 가능성이 많은 디자인이라도 당사자는 그 사실을 모르고 있는 경우가 많았다. 잘 만들었다고 생각해서 보여준 것이기 때문에 이는 당연한 일이다.

'사랑의 디자인 조언'이라는 기획으로 이름을 바꾸어 보았다. 연락하는 사람이 조금씩 늘었지만 역시 활성화되지는 않았다. 시간은 흘러 2018년이 되었고 나는 마에다 디자인실이라는 나만의 온라인 커뮤니티를 만들었다. 디자인실이라고 이름 지었지만, 멤버는 프로 디자이너를 비롯해 이제 막 디자인을 시작하는 사람, 변호사, 회계사 등 참여하는 직종과 경력이 다양했다. 이 커뮤니티 내의 기획의 일부로 내게 피드백을 마음껏 받을 수 있는 '데자오'라는 프로그램을 시작했다. 이 프로그램은 피드백을 통해 디자인을 좀 더 업그레이드하여 디자인 업계의 왕좌를 노리자는 의미를 담았다.

커뮤니티 내에 디자이너가 많았던 만큼 다양한 디자인이 투고되었다. 좀 더 발전하겠다는 마음가짐은 반가웠지만, 막상 피드백을 하려니 이번에는 내쪽에서 망설여졌다. 마에다 디자인실은 직장에서는 경험할 수 없는 크리에이티브를 목표로 했다. 퀄리티는 최대한 높이고 아이디어를 아웃풋 해보는 즐거움과 스피드를 우선시했다. 일할 때처럼 퀄리티를 중점으로 피드백을 하면 멤버들이 부담을 느끼며 그만두지는 않을까 걱정하며 처음에는 소극적으로 피드백을 주었다. 대신에 프로젝트를 진행할 때 좀 더 신경 써야 하는 부분이 보이거나 본인이 희망한다면 훨씬 세심하게 이야기해 주었다. 전환점은 2019년에 커뮤

◆

니티 멤버인 사토 나미에게 마에다 디자인실에서 진행하는 이벤트 배너의 제작을 부탁하면서 시작되었다. 그녀가 본격적으로 디자인 일을 하게 된 것은 마에다 디자인실에 들어온 뒤였다. 처음 제출한 디자인에는 발전할 곳과 개선점이 많이 보였다.

활동하는 모습을 보니 그녀는 적극적이고 끈기 있는 사람이었다. 나도 솔직하게 피드백했고 그녀는 그 피드백을 잘 따라와 곧바로 새로운 디자인을 제출했다. 그러면 또다시 내가 적당한 피드백을 하는 릴레이가 끊임없이 이어졌다. 이러한 과정을 지켜보고 있던 다른 멤버도 자극을 받아 사토 나미에게 이 과정을 기사로 쓰고 싶다고 이야기했다. 이 과정은 '오니피드백'이라는 기사 타이틀로 공개되며 트위터를 중심으로 폭발적으로 공유되었다. 사토 나미는 그 이후의 이벤트에서도 배너를 제작했고 이어서 내가 피드백하면 그녀가 또 기사

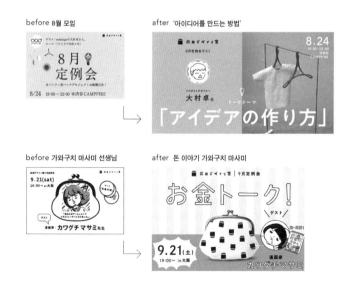

제2탄 기사도 널리 퍼졌다

◆

를 썼다. 이번에는 지난번 기사보다 더 많은 사람이 읽고 관심을 보였다. 야후 같은 대기업 디자인 부서에서도 공유되었다. 그 뒤 우리 회사의 디자이너에게 '오니피드백'을 부탁하거나 직접 기획을 하는 등 다양한 방면으로 활용 중이다. 개인적으로도 만족스러운 서비스였고 콘텐츠로도 성장해서 기뻤다.

지금까지 '오니피드백'에 대해 이야기했는데 자랑하려고 예로 든 것은 아니다. 앞에서 언급한 새로운 서비스를 만들고 싶은데 어떻게 하면 좋을지 방향이 잡히지 않을 때 질문의 힌트가 될지 모른다는 생각에서였다. 책을 읽으면 알겠지만 나 또한 무작정 피드백을 서비스해야겠다고 시작한 것은 아니다. 가능성이 있는 디자인들을 그저 못 본 척 넘어갈 수는 없어서 상담이라는 형태로 풀기 시작한 것이다. 생각보다 문의가 많이 오지는 않아서 가설검증을 반복했는데 그 과정에서 사토 나미가 끈기 있게 열심히 해준 덕분에 '오니피드백'이라는 단어가 탄생할 수 있었다. 겨우겨우 콘텐츠로 자리 잡았지만 중요한 것은 처음부터 어떤 것을 만들겠다고 정형화하지 않는 것이다. 이 외에도 다양한 것을 시도했고, 서비스 형태로 만들어진 것도 있고 아이디어에 머물러 있는 것도 있다.

당신도 종종 보고 그냥 넘기지 못하거나 신경이 쓰이는 것들이 있을 것이다. 이는 본인이 그 부분에 뛰어나다는 증거이다. 그 능력을

鬼フィードバック®

호평받고 상표 등록한 '오니피드백®'

212

활용해서 우선 무료 상담을 시작하거나 서비스로 구현해 보자. 나도 그랬지만 처음에 기대했던 것만큼 문의가 오지 않아도 중간에 포기하지 말아야 한다. 정말로 신경 쓰여서 하는 것이라면 단순히 그 방법이 적합하지 않은 탓일지 모른다. 딱 맞는 것을 찾을 때까지 가설 검증을 계속해 보다 보면 어느 순간 돌파구가 나타날 것이다. 나도 지금보다 콘텐츠를 더 늘리고 싶어서 앞으로도 내 마음이 움직이는 대로 우직하게 계속 밀고 나가려 한다.

# 39. 만드는 일을 순수하게 즐기다

예전에는 혼자서 외롭게 일했지만 지금 우리 커뮤니티 멤버의 수는 350명이 넘는다. 어떤 의미에서는 커뮤니티를 만드는 일도 디자인이라고 볼 수 있다. 이따금 평소처럼 무엇을 위한 공간인가를 고민한다. 가장 큰 틀에서 보면 일과는 다른 정반대의 디자인을 하는 공간이다. 다음은 이것을 보충하는 마에다 디자인실의 생각이다.

## (1) 크레이에이터의 스트레스를 발산하는 공간

이것이 일이라면 클라이언트의 의뢰를 받아 그 의중을 파악한 뒤 제안한 다음 딱 맞는 것을 만들어내는 재미가 있다. 무언가를 만드는 기쁨은 이것 말고도 많다. 나는 닌텐도에서 근무할 때 업무 외에도 하고 것들이 너무 많아 자주 좋은 아이디어가 떠올랐다. 쉬는 날에 만들고 싶었지만 피곤하다는 이유로 하지 않은 것들이 하나둘 쌓여 작은 스트레스가 되기도 했다. 나는 이것을 창조로 인한 스트레스라고 불렀다. 진심으로 이 스트레스를 풀고 있다고 느낀 것은 온라인 커뮤니티인 미노와 편집실에 들어갔을 때였다. 게으름뱅이였지만 덕분에 본업도 하면서 즐겁게 디자인을 할 수 있게 되었다. 크리에이티브 팀에서 사람들과 소통하며 어떤 것을 만들고 있다는 게 매우 즐거웠다. 내가 만든 커뮤니티는 미노와 편집실처럼 업무와는 관계없는 것을 만드는 공간을 목표로 정했다.

## (2) 일과 '관계없는' 것을 만드는 공간

미노와 편집실을 아무리 흉내 내려고 노력해도 그와 나의 영향력은 차이가 있었다. 그만큼 나는 훨씬 진지하게 고민했다. 마에다 디자인실에서는 업무와 관계없는 것을 만들기로 결심했다. 내 회사인 NASU에서 의뢰한 디자인은 없다는 것이 가장 좋았다. 이 부분을 철저하게 지킨 만큼 마에다 디자인실에서는 오리지널리티가 매우 높은 디자인을 만들 수 있었다. 이 책에도 몇 번 언급한 잡지 《마에본》이 바로 그 증거이다. 언뜻 보면 진지한 잡지는 아니어서 일반적인 출판사에서 출간되었다면 기획 단계에서 막혔을 테지만 그 덕분에 상업주의에 물들지 않은 잡지를 만들 수 있었다.

## (3) 만드는 일을 순수하게 즐기는 공간

아무 생각 없이 하얀 종이 위에 색을 칠하는 것만으로도 즐거웠

◆

던 어린 시절처럼, 순수하게 창조의 즐거움을 느낄 수 있는 공간으로 만들고 싶었다. 크리에이티브는 원래 순수하게 만들고 싶은 것을 만드는 것이니 이 즐거움을 느낄 수 있는 공간이었으면 했다.

### (4) 보수가 없는 공간

마에다 디자인실에서는 본인이 어떻게 하느냐에 따라, 원한다면 일과 비슷한 수준 그 이상으로 디자인할 수 있는 기회가 주어진다. 사람에 따라 업무와 비슷한 수준으로 열심히 창작하기도 하지만 이것은 일이 아니므로 정해진 보수는 없다. 자진해서 하고 싶은 일을 하는 것이기 때문에 더 재미있게 즐길 수 있고 내 것으로 만들기 쉽다. 모두 열의가 굉장해서 결과물에 그 에너지가 담기는 것은 물론이고 대충대충 하는 것이 하나도 없다. 보수가 있다면 훨씬 높은 수준의 퀄리티를 요구하기 때문에 마음의 안식처가 될 수 없을 것이다. 나는 보수가 생기면 이 공간이 사라진다고 생각한다. 흔히 커뮤니티는 가족과 회사 이외의 제3의 장소, 서드 플레이스third place라고 불린다. 열심히 활동하는 사람에게 NASU의 업무를 소개한다거나 커뮤니티 내의 활동이 계기가 되어 기업에서 의뢰가 들어오는 일도 종종 있다. 그중에서 NASU에 입사한 사람도 세 명 정도 있다.

### (5) 매상이나 이익이 반드시 예상되는 공간

디자인료 설계와 관련해 생각한 것 중 하나는 회계 장부를 투명하게 운영하는 것이었다. 멤버들에게 보수를 주지는 않았지만 커뮤니티 내에서 책을 만들거나 팬티를 만드는 등 제작물을 시장

215

◆

마에다 디자인실 멤버 합숙

에 유통한 덕분에 이익이 발생했다. 앞에서 언급한 대로 금전적으로 환원할 경우 서드 플레이스의 기능이 사라진다. 활동으로 얻은 이익은 마에다 디자인실에서 다음 물건을 만들 때 활동 자금과 우리의 목표인 밀라노국제가구박람회Milan Salone Del Mobile의 출전 비용으로 사용하기 위해 모으고 있다. 이렇게 모은 금액은 모든 멤버가 볼 수 있는 곳에 올려 둔다. 언제 어떤 프로덕트로 얼마만큼의 매출 이익이 있었는지 비용은 얼마나 들었는지 투명하게 공개하는 것이다. 모든 사람이 공평하게 볼 수 있는 곳에 공개한다는 원칙을 지키고 있다.

대략적으로 설명했지만, 이 정도로 철저하게 고민해서 설계했다. 이는 만드는 일을 순수하게 즐기고 안식처로 삼으며 편안하게 지낼 공간을 만들기 위해서이다. 이 부분을 저해하는 부분이 조금이라도 보인다면 커뮤니티 운영팀의 도움을 받아 해결한다. 개인적으로도 이

서드 플레이스의 존재는 의미가 크다. 마에다 디자인실에 좀 더 많은 시간을 할애하고 싶어서 지금도 여러 가지로 고민 중이다. 그 방법의 하나가 바로 이 책의 출판이었다. 마에다 디자인실의 멤버들과 함께 《소년 점프(격월간으로 창간된 소년 취향의 만화 잡지)》와 같은 만화 잡지를 만들고 싶었다. 왜냐고? 재미있으니까!

# 40. 공간을 디자인하다

나는 디자이너이지만 요즘은 커뮤니티와 관련된 인터뷰를 하는 일이 많아졌다. 생각해 보니 현업으로 디자인 업무를 하면서 이만큼 커뮤니티 일을 하는 디자이너도 별로 없었다. 온라인 커뮤니티 마에다 디자인실이 참여한 프로덕트는 프로덕트 카드, 캔 배지, 책, 웹 사이트, 팬티, 인형 등으로 다양하다. 이 프로덕트를 만들기 위해 진행한 크라우드 펀딩으로 조달된 투자 금액은 1,000만 엔 정도이다. 일도 아니고 재미로 하는 일에 이 정도의 금액이 모이다니 놀라울 따름이었다. 멤버들의 열의도 굉장하고 서로 사이도 좋아 커뮤니티 플랫폼인 CAMPFIRE community에서 어떻게 하면 마에다 디자인실 같은 커뮤니티를 만들 수 있는지 질문을 받기도 했다.

2019년 NASU에서도 정식 커뮤니티 사업을 시작했는데 첫해부터 수익을 올릴 수 있었다. 내가 자연스럽게 해 오던 일을 비즈니스 형태로 만든 것이었다. 디자인 이외의 수입원을 갖겠다는 마음으로 커뮤니티를 시작했다면 생각만큼 결과가 좋지 않았을 것이다. 지금부터는 커뮤니티를 만든 과정과 그것을 수익으로 바꾼 방법을 이야기하겠다.

지금 생각해 보면 나는 항상 커뮤니티를 만들고 싶었다. 대학 시절에는 카메라 동아리를 만들어 친구들과 신나게 놀았다. 닌텐도에 입사한 후에는 좀 더 많은 사람과 무언가를 하고 싶었고 크리에이티브에 대해 다양하게 소통하고 싶었다. 전부터 산토리의 광고 부서 출신들이 만든 광고 회사인 선 애드SUN-AD는 알고 있었다. 닌텐도에서도 이 회사와 비슷한 것을 만들 수 없는지 고민한 적도 있다. 회사 외부 세미나에 참석하거나 이직을 고민한 것도 이 때문이었다. 일을 하면서 외로웠기 때문에 동료가 필요했다. 크리에이티브와 관련없는 곳에서도 골프 동아리를 만들거나, 사내에서 드래곤 퀘스트Dragon Quest 팀을 만드는 등 활동을 이어나갔다.

나 자신이 팀으로 일하는 걸 좋아한다는 건 어렴풋이 알고 있었다. 독립한 후에도 언젠가 온라인이든 오프라인이든, 크리에이티브 커뮤니티를 만들겠다는 꿈이 있었다. 한때 유행했던 온라인 커뮤니티와 세미나를 거쳐 온라인 크리에이티브 커뮤니티인 마에다 디자인실을 설립하게 되었다. 마에다 디자인실은 의도하지 않았지만, 결과적으로 외로움을 많이 탔던 20대 시절에 내가 그토록 원했던 공간을 표현한 셈이었다.

- 디자인에 대한 대화가 가능하며 수준 높고 비슷한 연령대의 동료가 필요했다.
- 나보다 조금 연상의 선배에게 피드백을 받고 싶었다.

◆ 내 이름을 걸고 일하고 싶었다.

◆ 아트 디렉터로서 사명감 있는 일을 하고 싶었다.

이것들을 전부 마에다 디자인실에서 이루었다. (보수가 없었기 때문에 그런 의미에서는 일이 아니다) 이렇게 보면 마에다 디자인실은 나의 콤플렉스에서 시작된 것이었다. 내가 원하는 공간을 만들었더니 공감하는 사람들이 하나둘 점점 모이기 시작했다. NASU에서 시작한 커뮤니티

아 오 야 마 북 센 터 커 뮤 니 티 지 점

운영 서포트 중인 '아오야마 북 센터 커뮤니티 지점'

◆

사업은 총 두 개다. 하나는 사람들에게 많은 응원을 받은 도쿄의 아오야마 북 센터의 커뮤니티이다. 나머지 하나는 라디오 북 주식회사의 커뮤니티이다. 이 회사는 2020년 일본 기업으로는 13년 만에 스쿠데리아 페라리와 공식 파트너십 계약을 맺은 곳이다. 혼자서 모든 걸 다 할 수는 없었기에 실무적으로는 커뮤니티 매니저를 채용했다. 지금도 커뮤니티 사업으로 많은 기업과 인연을 맺을 수 있기를 바라고 있다. 디자이너는 반드시 디자인으로만 먹고 살아야 한다는 생각을 버리고, 내가 하고 싶은 일을 계속 찾아서 하다 보면 언젠가 수익으로 돌아오는 날이 올 것이다. 앞에서 언급한 커뮤니티 사업이 아주 좋은 예시이다.

라디오 북 주식회사의 '야리야라 타운(온라인 소통 공간인 '캠프파이어'라는 웹사이트에 있는 라디오 북 주식회사의 커뮤니티)'의 운영 서포트도 함께 진행 중이다.

# 41. 디자인은 디자이너만의 것이 아니다

20대 무렵에는 그래픽 디자인에 생활의 모든 것을 걸었다. 내가 생각하는 이상적인 디자이너를 목표로 끊임없이 노력했지만 좀처럼 그 이상에 도달하지 못해 좌절하고 괴로워했다. 30대가 되었을 땐 드디어 전보다는 일의 속도나 정확성이 늘어났고 업무에도 요령이 생겼지만 더는 성장하지 않는 느낌이었다. 독립한 뒤 블로그에 디자인에 대한 글을 쓰고 온라인 살롱에서 디자인을 시작했다. 디자인 실력이 향상될 수 있었던 건 디자인을 언어화한 덕분이었다.

디자인에 대해 잘 모르는 블로그 독자, 이제 디자인을 배우기 시작한 온라인 살롱의 멤버들에게 디자인의 가치를 제대로 알리고 피드백하면서 나만의 디자인 철학이 생겨났다. 인터뷰나 토크 이벤트에 나간 일도 디자인을 언어화하기에 좋은 기회였다. 또 한 가지 배경은 독립한 뒤 많은 클라이언트와 온라인 살롱 멤버, 즉 전문 디자이너가 아닌 사람들과 함께 무언가 만들어 본 것이 좋은 경험이 되었다. 미리 말하자면 나는 디자이너와 디자이너가 아닌 사람을 나누는 것을 싫어한다. 오히려 디자인을 전문적으로 배우지 않은 사람이 낸 새로운 발상이 흥미로운 사례를 많이 봤다. 나는 이들과 함께 무언가를 만들어 봄으로써 디자인이 발전하기 시작했다. 생각하는 건 디자이너든, 아니든 누구라도 상관없다.

최근에는 여기저기서 디자인적 사고라는 단어를 많이 사용하는데 나는 이 말을 좋아하지 않는다. 디자인을 무슨 대단한 것인 것처럼 추켜세우는 느낌이 들어서이다. 디자인은 디자이너만의 것이 아니다. 누구나 디자인에 대해 이야기할 수 있고, 누구나 디자인을 할 수 있다. 이 책을 읽고 있는 당신도 살면서 한 번쯤은 디자인이라는 걸 해 봤을 것이다. 이 책에서 몇 번이나 언급했던 것처럼 디자인은 사고와 조형의 조합이다. 사고는 가능성과 선택지를 늘리고 그중에서 최적의 것을 선택하는 것을 반복하여 만들어진다. 옷을 살 때, 가구를 살 때, 친구에게 선물을 줄 때, 대체로 많은 가능성을 고려하고 그중에서 가장 적합한 것을 고른다. 이것도 훌륭한 디자인이며 때로는 첫눈에 반하여 충동 구매를 하기도 한다. 이는 당신 내부에서 과거에 본 것들이 데이터로 저장되어 있어서 순간 그 데이터와 비교해 이것이 좋다고 판단한 것에 불과하다. 아이쇼핑을 하며 많이 비교하고 살펴보았지만 결국 물건을 살 땐 맨 처음 들어갔던 가게로 돌아가 제일 처음 봤던 제품을 구매한 경험이 있을 것이다. 이것 역시 선택지를 넓히고 본인에게 딱 맞는 해답을 고른 것이다.

　일할 때 어떤 우선순위로 업무를 진행하는가? 이메일에 답장을 할 때 어떤 단어를 어떻게 쓸지 고민하는가? 이 모든 것들이 결국 하나의 디자인이다. 우리는 어떤 목적을 이루기 위해 사고하고 시행하여 최적의 해답을 얻기 위해 행동한다. 일상생활은 물론 우리가 하고 있는 모든 업무에 디자인이 스며들어 있는 셈이다. 지금까지 한 이야기들은 디자이너에게는 당연한 이야기일 것이다. 이 부분을 이렇게 바꾸고 또는 저렇게 바꾸며, 해답지를 늘려서 다양한 가능성을 만들고 최적의 해답을 골라내는 사람이 디자이너이다. 말한 걸 그대로 표현하기만 하는 것은 다양성도 충족하지 못하고, 최적의 해답도 찾지 못했으니 디자인이라고 부를 수 없다. 우리 회사 NASU에서 사무실에 화장지 케이스가 없으니 사야 한다는 이야기가 오갔던 적이 있었다. 어느 것이 좋을지 직원들의 선택에 맡기기로 했는데 나는 직원이 고른 화장지 케이스를 보고 이렇게 말했다. "그 화장지 케이스는 모서리가 둥근 편이네요. 우리 사무실에 있는 것은 대부분 울퉁불퉁하고 투박한 것이 많습니다. 이 세계관에 맞는 디자인 같나요? 물건 하나를 살 때조차 가장 좋은 것을 고르는 것이 바로 디자인입니다."

디자이너라면 물건을 하나 살 때도 선택지를 늘려 최적의 것을 고르는 연습을 해야 한다. 깐깐하게 좋은 것을 추구하다 보면 자연스럽게 퀄리티가 높아진다. 나를 포함해 디자인 재능이 뛰어나지 않은 사람이라면 다른 사람보다 훨씬 집요하게 연습해야 한다. 그래야 좋은 디자인을 만들 수 있고 이 집요함이 결국 깊이를 만들어낸다.

디자이너가 아니라면 꼭 당신의 인생이나 업무에 디자인 능력을 활용해 보길 바란다. 디자인은 어렵고 특별하다는 생각을 버리자. 당신은 이미 일상에서 활발하게 디자인을 하고 있다. 이 책에도 썼지만 당신이 가진 고객 시점은 디자인을 업그레이드할 수 있는 최고의 요소이다. 디자이너인지 아닌지는 중요하지 않다. 디자인은 디자이너 혼자 만드는 것이 아니다. 디자인의 힘이 필요한 사람과 함께 만드는 것이다. 선택받는 디자인을 디자이너 혼자 만들기는 불가능하다.

◆

내가 만드는 디자인을 야구로 비유하면 160㎞/h의 강속구도 아니고, 깔끔한 포크볼fork ball (검지와 중지 사이에 야구공을 끼듯이 잡아 던지는 구종)도 아니다. 누구나 쉽게 던질 수 있고 아무나 칠 수 있는 공이라는 말이 정답이다. 나는 생각보다 대단한 일을 하고 있지도 않고 그럴만한 실력도 없다. 하지만 경기가 끝날 즈음이면 사람들의 마음을 사로잡는 승률 높은 디자인을 웬만큼 할 수 있다고 생각한다. 디자이너는 자칫하면 쓰레기를 만드는 꼴이 되는데 그것만큼은 참기 힘들다. 상대방의 말을 잘 듣고 다음 상황을 파악하고 의미를 이해하여 기획한다. 어떻게 해서든 의미 있고 효과적인 것을 만들겠다는 일념으로 디자인하고 있다. 이것이 내가 하고 있는 디자인의 의미이다.

닌텐도를 그만둔 후 웹 사이트를 만들었다. 그곳에 디자인은 소소한 일상의 축적이라고 썼다. 이렇게 조금씩 경험치를 쌓는 자세가 중요하다. 확실히 디자인은 어떻게 임하는지에 따라 달라진다. 내가 하는 일은 비교적 재현하기 쉽다. 디자이너나 그들과 함께 일하는 기업가들도 당장 따라할 수 있다. 3년 전의 나는 지금만큼 실적이 좋지도 않았고 아무 영향력도 없는 사람이었다. 그런데 이런 나의 책을 만들고 싶다며 기획서를 만들어준 작가인 하마다 슌이 있었다. 출판에 대해 이야기를 나눌 당시, 겐토샤의 가타노 타카시는 진지하게 원고를 몇 번이나 살펴보았고, 400페이지나 되는 대작을 만드는 데 시간을 써주셨다. 게다가 반년 전부터 책 디자인을 예약하고 최고의 디자인으로 만들어준 토사카 디자인의 도구라 이와오, 훌륭한 실습 작품을 제공해준 마에다 디자인의 모든 분께 감사의 마음을 전한다. 또한 note 서클에 계신 분들께도 귀중한 의견을 많이 들었다.

덕분에 이 책은 내 인생 최대의 최고 걸작이 되었다. 이 책에는 많은 분의 이름이 등장한다. 여러분들의 응원과 그분들의 영향으로 지금의 마에다 타카시가 있을 수 있었다. 이 자리를 빌려서 감사의 말씀을 전하고 싶다. 정말로 고맙다. 마지막까지 읽어주신 여러분, 꼭 읽는 것에 만족하지 말고 많이 생각하고 실천해 보시길 바란다. 이 책은 고민이 있는 디자이너, 비즈니스적으로 디자인을 활용하는 사람들의 길잡이 같은 책이다. 나 역시 책을 출판하고 나서 끝이라고 생각하지 않는다. 이후 다양한 세미나를 진행하거나 마에다 디자인실에서 이벤트를 여는 등 여러 가지를 기획할 예정이니 그때도 잘 부탁드린다. 혼자서는 괴롭지만 함께 하면 즐겁다. 디자인을 공부하며 난관에 부딪힌 사람, 디자인을 활용하고 싶은 사람들과 끝까지 함께 가고자 한다. 디자인으로 이기는 그날까지.

# WORK
# 15

디자인 실습 워크들

## START

- 감각 트레이닝
- 디자인 박사가 되자
- 본질을 파악하자
- 기획 왕의 길
- 퀄리티 향상 대작전

# 목표: 색채 감각 기르기!

### 기한: 약 8시간 (1장)

## ■ 개요

미대 재수생 시절에 색채 감각에 대한 콤플렉스를 극복하기 위해 했던 과제였다. 이 과제를 게재할 수 있게 허락해 주신 나카노시마 미술 학원 분들에게 깊은 감사를 드린다. 단순히 색채 감각이란 색을 사용하는 것을 말한다. 명도, 채도, 색조를 알고 있는 것만으로는 부족하다. 색을 능숙하게 다룰 수 있게 연습하자.

이 색 옆에 이 색이 오면 어떤 느낌인지, 멀리서 전체를 보면 어떤 인상인지, 이러한 것들을 생각하며 색을 사용해야 색채 능력을 키울 수 있다. 예를 들어 이 칸을 다 채우려면 사각형 36개와 동그라미 36개, 합계 72개의 색을 칠해야 한다. 이렇게 다양한 색을 채우다 보면 이웃한 색과 색 조합의 패턴을 익힐 수 있다. 전체적인 색의 균형도 고려해야 한다. 색채를 만들고 칠하고 색을 직접 느끼며 색에 대한 경험치를 높일 수 있다.

단 컴퓨터 사용은 금지이다. 반드시 물감과 붓을 사용해서 손으로 작업해야 한다. 머릿속으로 이미지를 그려보고 색을 만들어 칠한다. 실제로 작업해 봐야 그만큼의 가치가 있다. 색채 경험을 차근차근 축적하는 과제이다. 많이 하면 할수록 좋으며 최대 3장은 하는 것이 좋다.

## ■ 방법

B3 켄트지와 불투명 수채화 그림 도구 세트를 준비한다. 30㎝×30㎝ 크기의 정사각형을 그리고, 이것을 5㎝×5㎝ 정사각형으로 분할 한다. 그리고 5㎝×5㎝ 정사각형 안에 지름 4㎝의 원을 그린다.

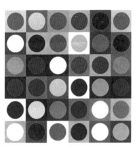

- 사용하는 색의 수는 자유이며, 같은 색은 사용하면 안 된다.
- '테마'를 자유롭게 정하고, 그 이미지가 느껴지도록 깔끔하게 칠한다.
- 색을 칠할 때는 얼룩 없이, 균일하고 아름답게 채색한다.
- 오른쪽 그림처럼 명암의 관계를 스케치북에 계획하고, 전체적인 균형을 생각해서 색을 칠해 보자.

## ■ 효과

- 색으로 세계관을 구현할 수 있다.
- 배색 패턴을 습득할 수 있다.
- 색을 효과적으로 사용할 수 있다.

# 01

## CHECK LIST

☐ B3 켄트지와 불투명 수채화 그림 도구 세트를 준비한다.

☐ B3 켄트지에 연필과 자를 사용해 그림을 그린다.

☐ 색채 테마를 정한다.

☐ 좋아하는 곳부터 칠한다. (다른 곳에서 사용한 색은 쓰지 않는다.)

☐ 인접한 색과의 조합을 생각하며 칠한다.

☐ 색채 밸런스를 보면서 칠한다.

☐ 마지막까지 칠하여 완성한다. (최소 3장에서 10장 이상 할 것을 추천한다.)

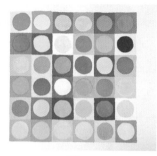

1장

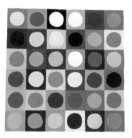

2장

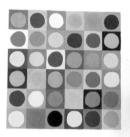

3장

처음에는 감이 오지 않았지만, 색 조합을 다양하게 만들면서 색채 조합이 이해되기 시작해 즐거웠다. 머릿속으로 생각했던 색을 실제로 만드는 일은 매우 어려웠고 생각만큼 잘 되지 않았다. 하지만 계속하다 보니 색의 종류에 대한 이해도가 높아졌고, 여러 색을 조합하면 어떤 이미지가 구현 되는지 알게 되었다. 색을 사용하는 능력이 확실히 좋아졌다는 걸 느끼게 해 준 작업이다.

우에무라 사키/28세/회사원(광고 대행사 영업)
Twitter:@saa_bonheur

## 마에다의 리뷰

### 좋았던 부분

제일 처음 그린 것을 보니 색을 서툴게 사용했던 학생 시절의 내가 떠오른다. 색을 쓸 때 색명에 너무 집착해서 그렇다. 나 역시 그렇게 그리고 있었다. 하지만 두 번째 작업부터는 확실히 사용하는 색채의 수가 늘어났다. 성장이 빨라 부럽다. 세 번째가 되자 색을 즐기면서 만들고 있다는 것이 느껴진다. 인접한 색들이 서로 공명하고 있어서 전체적인 조화도 아름답다.

### 발전 가능성이 보이는 부분

색에 얼룩진 부분이 보여 조금 아쉽다. 면상필로 윤곽을 따고 평붓을 이용해 한 방향으로 결을 따라 색칠하면 훨씬 깨끗하게 칠할 수 있다. 윤곽은 가능하면 컴퍼스 같은 도구를 사용하면 깔끔하게 완성된다. 색은 비교적 잘 사용하고 있지만, 명암에 뚜렷한 차이가 없다. 섬세한 그러데이션에 집중해 보자. 전체적으로 조화롭게 하려면 풍부한 곳과 차분한 곳을 의도적으로 만들어보면 좋다.

# 목표: 디자인 사례 1,000개 모으기!

기한: 3일

■ 개요

어떤 것이 좋은 디자인이고, 어떤 것이 나쁜 디자인일까? 디자이너로 일을 하려면 이 부분을 잘 알고 있어야 한다. 디자이너의 역량은 경험치에 따라 달라진다. 좋은 디자인과 나쁜 디자인을 구분할 수 있다는 것 자체가 중요한 무기가 된다. 우선 첫 단계는 디자인을 최대한 많이 접해 보는 것이다. 일상에서 아트 디렉션이 되어 있는 그래픽 디자인을 찾아 무작위로 많이 모아보자.

■ 방법

일상에서 그래픽 디자인을 찾아 사진을 찍어 모아보자. 그것을 핀터레스트Pinterest에 저장하자. 우선 자신의 생활 동선에 있는 거리나 역, 쇼핑센터 등 오프라인을 중심으로 찾아보고, 나중에 인터넷으로 검색하여 마음에 들었던 디자인을 저장하자. 무엇보다 많은 양을 모으는 것이 중요하다.

■ 효과

- 디자인의 좋은 점과 나쁜 점을 판단하는 나만의 기준이 생긴다.
- 지금 유행하는 그래픽 디자인의 흐름을 파악할 수 있다.
- 발상 아이템이 늘어난다.

# 02

## — CHECK LIST —

☐ 핀터레스트에 계정을 만든다.

☐ 오프라인에서 찾을 수 있는 인쇄물, 간판, 포스터, 매장 등에서
디자인 사례를 모은다. (사진)

☐ 핀터레스트에 보드를 만든다.

☐ 온라인을 활용해 구글 검색으로 디자인 사례를 모은다.

☐ 핀터레스트에서 디자인 사례를 모아 등록한다.

☐ 1,000개가 될 때까지 모은다.

지금까지 발견하지 못했을 뿐, 우리 일상에는 이미 많은 디자인이 존재한다는 것을 알게 되었다. 슈퍼마켓이나 역 안, 간판, 집 안 등 다양한 곳에서 디자인을 발견할 수 있었다. 모으는 작업이 거의 끝날 즈음에는 평범했던 풍경들이 모두 소재가 되었다. 앞으로 디자인을 하면서 가장 중요한 디자인을 보는 눈을 키울 수 있던 작업이었다.

오노 코우키/28세/디자이너
Twitter:@yuttan_dn52

## 마에다의 리뷰

### 좋았던 부분

자신의 생활 반경에 있는 다양한 디자인을 모았다. 직접 걸어다니면서 사진을 찍은 것 같은데, 온라인상에 있는 영상이 베이스가 아닌 점이 특히 좋았다. 1,000개를 모으는 일이 말처럼 쉽지 않았겠지만, 평범했던 일상 안에서 디자인을 발견하는 습관을 들였다는 점이 훌륭하다.

### 발전 가능성이 보이는 부분

1~10위로 선정한 이유를 알기 쉽게 작성했지만 상대적인 이유도 함께 적는 것이 좋을 것 같다. 1~10위까지 무엇을 중점으로 보았고 순위의 차이는 왜 생겼는지를 밝혀야 한다. 각 설명 위에 제목을 붙여보면 디자인의 장단점이 무엇인지 훨씬 잘 알아볼 수 있게 된다.

# 목표: 나만의 베스트<sup>BEST</sup>와 워스트<sup>WORST</sup>를 정하자!

## 기한: 3~5시간

**■ 개요**

【워크2】에서 모은 디자인 중에 좋다고 생각하는 것을 뽑아 본인의 가치관을 기준으로 순위를 매기자. 순위를 매기는 방법은 사회적인 평가가 아니라, 개인적인 감상이나 느낌이 기준이 되어도 좋다. 본인의 감각을 믿어보자. 별로라고 생각한 디자인이 있다면 왜 별로라고 느끼는지 파헤쳐 보자. '베스트10과 워스트10'을 뽑고 그 이유도 함께 적어 넣자. 직감은 논리적이기 때문에 언어화하는 것이 중요하다. 언어화를 해 보면 디자인은 내 것이 된다.

**■ 방법**

- 핀터레스트를 사용한다.
- '디자인 베스트10'의 보드와 '디자인 워스트10'의 보드를 만든다.
- 각각 500자 이내의 타이틀과 이유를 적는다.

**■ 효과**

- 디자인의 어떤 부분이 좋고 나쁜지 확실한 기준이 생긴다.
- 순위를 매김으로써 본인을 심도 있게 이해할 수 있다.
- 워스트 디자인을 따져보면 이유가 되는 부분은 피해서 디자인할 수 있다.
- 언어화를 통해 본인의 취향을 알게 된다.

# 03

## CHECK LIST

☐ 핀터레스트 계정을 만든다.

☐ 베스트 보드를 만든다.

☐ 【워크2】 중에서 좋은 것을 50개 정도 고른다.

☐ 베스트10의 순위를 매긴다.

☐ 베스트10의 각 타이틀과 이유를 적는다. (500자 이내)

☐ 워스트 보드를 만든다.

☐ 【워크2】 중에서 별로인 것을 50개 정도 고른다.

☐ 워스트10의 순위를 매긴다.

☐ 워스트10의 각 타이틀과 이유를 적는다. (500자 이내)

나는 감정이나 의견을 말로 표현하는 것이 서투른 편이었다. 이번 기회에 직접 1,000개 정도 디자인을 수집하여 살펴보고, 각 디자인의 장단점을 뽑아 선정 이유를 글로 적어보았다. 내가 뽑은 디자인들을 검토하면서 지금껏 정리하지 못했던 디자인에 대한 나의 가치관을 객관적으로 확인할 수 있었다.

오노 코우키/28세/디자이너
Twitter:@yuttan_dn52

## 마에다의 리뷰

### 좋았던 부분

베스트와 워스트로 뽑은 이유를 언어화하는데 추상적이지 않고 구체적으로 썼다. 본인이 디자이너인 만큼 오노는 디자인의 정교함을 중점으로 보는 듯하다. 정리 방법도 깔끔해서 트위터에 올리니 반응이 좋았다. 본인의 가치관을 다른 사람들에게 전하는 것도 좋은 방법이다.

### 발전 가능성이 보이는 부분

디자인이라면 아무거나 상관없지만 전단지나 포스터에 지나치게 치우친 느낌이 들었다. 세분화해서 일러스트, 타이포그래피, 로고 등도 함께 살펴보고 다양하게 수집하면 시야가 더 넓어질 것이다. 공간에는 어떤 그래픽 디자인이 있는지 살펴보면 도움이 된다. 이렇게 세계관을 확장하여 수집 범위를 2,000개까지 늘려 보자.

# 목표: 나만의 필살기 10개를 만들자

## 기한: 3~5시간

■ 개요

이 세상에는 반드시 좋은 반응으로 이어지는'절대적인 디자인'이 있다. 마치 울트라맨이 마지막에 쏘는 광선처럼, 반드시 좋은 결과로 이어지는 강철의 디자인이다. 이 부분이 무엇인지 파악하고 있으면 나중에 큰 도움이 된다. 나만의 특화된 필살기 아이템을 만들자.

- 흑백 사진에 붉은 글씨  ▪ 거친 느낌의 폰트  ▪ 도트 그림  ▪ 흐릿한 사진  ▪ 박 입히기
- 반전 효과·픽토그램pictogram(사물, 시설, 행태, 개념 등 일반 대중들이 쉽게 알아볼 수 있도록 상징적인 그림으로 나타낸 일종의 그림 문자)

참고로 이것들은 오카자키 타이이쿠의 〈MUSIC VIDEO〉에 등장하는 슬로우, 컷 촬영, 일부러 거친 효과를 준 영상, 무의미한 분신 등으로 영상에 자주 나오는 요소이다.

■ 방법

- 【워크2】【워크3】에서 모은 디자인 중에서 활용하기 좋은 테크닉 발견하기.
- 핀터레스트에 '디자인 필살기' 보드를 작성.
- 10개 정도 추려서 순위 매기기.
- 각 필살기에 이름과 개요를 입력하기.

■ 효과

- 디자인의 어떤 부분이 좋았고, 별로였는지 알 수 있는 첫 단계.
- 요즘 그래픽 디자인의 동향을 파악할 수 있음.
- 활용 가능한 디자인(추가) 아이템이 늘어남.

# 04

## ── CHECK LIST ──

□ 핀터레스트에 필살기 보드를 만든다.

□ 【워크2】【워크3】의 디자인 중, 좋다고 생각한 디자인을 고른다.

□ 필살기를 발견하기. (50개 정도)

□ 필살기 베스트10의 순위를 매기기

□ 필살기마다 이름과 개요 쓰기

2. clipping(신문이나 잡지 등에서 참고할 기사를 오려 내는 것)

가장 즐거웠던 작업이었다. 디자인의 다양한 요소들을 필살기로 만들었는데 포즈도 취하면서 기합을 외치고 싶을 정도로 필살기 이름에 힘을 주었다. 직업적으로 디자인을 하다가 막혔을 때 머릿속으로 필살기 포즈를 상상하며 사용하게 되니 나도 모르게 웃게 된다.

오노 코우키/28세/디자이너
Twitter:@yuttan_dn52

## 마에다의 리뷰

### 좋았던 부분

필살기들의 이름이 멋지다. '트래블링 아메리카!!'와 '콘트라스트 파워!!'가 특히 좋았는데, 그중에서도 '폰트 윌!!'이 최고였다. 나라면 '아메코미American comics'라고 했을 텐데 이 부분이 아주 재미있게 느껴졌다. 느낌표를 붙여서 마치, 필살기 구호를 외치는 이미지를 연상시켰는데, 이 부분도 좋았다. 이렇게 이름을 잘 붙여두면 머릿속에서 쉽게 아이템을 꺼낼 수 있다.

### 발전 가능성이 보이는 부분

특별하게 아쉬운 부분은 없지만, 필살기 두세 개가 겹친다. '콘트라스트 파워'는 명암을 보여주는 필살기인데, 이는 한 가지 색을 사용한 모노크롬 사진과 비슷하다. 이럴 때 이 필살기를 사용한 이유를 언어화하면 훨씬 좋다.

# 목표: 감각에 눈을 떠라!

( 기한: 일주일 )

■ 개요

일반적으로 디자인은 문제를 해결한다는 인식이 있다. 하지만 문제를 해결하는 데에 치우치다 보면 상대적으로 감각을 덜 의식하게 된다. 디자인에서 감각은 예술적으로나 감각적으로 좋다고 느끼는 것을 말한다. 감각은 부가 가치로서 파급 효과가 크다.

감각을 진지하게 들여다본 적이 있는가? 감각이 무엇인지 생각한 적은 있는가? 이것이 바로 감각을 익히는 첫걸음이다. 감각이 무엇인지 진지하게 생각해 보고, 감각적인 디자인이 무엇인지 진지하게 고민하며 디자인을 만들어 보자. 좋은 디자인을 만들어 볼 수 있는 작업이 될 것이다. 우선 '세련된 티셔츠'를 만들어 보자. 이 워크를 한 뒤, 【워크2】를 다시 살펴보면 새로운 것을 발견할 수 있다.

■ 방법
• 다양한 곳에서 감각이 뛰어난 것을 찾아 언어화한다.
• 티셔츠 디자인에 적용해 보자.

■ 효과
• 감각이 생긴다.

# 05

□ 핀터레스트를 사용해 본인이 생각하는 '세련된 티셔츠'를
   많이 모은다.

□ 다양한 곳에서 감각이 뛰어난 것을 찾아 언어화한다.

□ 티셔츠에 러프 디자인한 종이를 붙이고 가능하면
   그것을 입고 밖으로 걸어나가 보자.

□ 디자인을 완성하자.

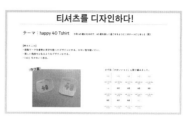

'디자인 예시를 1,000개 모으자!' 워크를 할 때는 언어화하는 것이 어려웠지만, 이번에는 꽤 재미있게 분석할 수 있었다. 원래부터 패션에 관심이 많아서 자연스럽게 분석하거나 언어화해 본 경험이 있던 덕분인 듯하다. 특히 티셔츠 디자인 작업을 할 때는 러프 디자인을 인쇄하여 티셔츠 위에 붙여보고 난 뒤에야 잘못된 부분이 있다는 걸 발견했는데, 그만큼 검증 과정이 중요하다는 것을 실감했다.

다이라 세이코/39세/프리랜서 WEB 제작

Twitter: @seiko_s_t

## 좋았던 부분

조사 분량도 많고, 실제로 디자인을 옷에 붙여 걸어보는 등 과제 하는 자세가 훌륭하다. 체크 리스트에 있는 내용을 실제 실행으로 옮기는 일은 쉽지 않다. 이 훈련을 통해 감각이 무엇인지 분류해서 샘플을 모았다. 이 작업으로 감각이 무엇인지 자세히 알게 되었을 것이다. 예시로 만든 'happy 40 Tshirt' 티셔츠에 숫자를 넣은 것도 세련미가 돋보인다. 본인의 마흔 살을 기념하는 선물이라는 기획에서 이 과정을 진심으로 즐기고 있는 모습이 엿보였고, 굉장히 감각이 좋다.

## 발전 가능성이 보이는 부분

추상적인 단어가 몇 군데 보인다. '근사한 색' '예술적인' '원 포인트' 등을 좀 더 구체적으로 언어화하면 좋을 것 같다. '근사한 색'은 어떤 색이며 왜 좋았는지, '예술적'이려면 어떤 조건이 필요한지, '원 포인트'는 어떤 부분이 좋았는지 등을 구체적으로 표현하자. 자료에 있는 'happy 40 Tshirt'을 표현한 일러스트가 '예술적'이고 세련된 느낌이다.

# 목표: 조형 감각 익히기!

## 기한: 약 8시간 (1장)

■ **개요**

그래픽 디자인을 이제 막 시작한 초심자라도 조형을 다룰 줄 안다면 프로 디자이너로서 어느 정도 일하는 것이 가능하다. 폰트, 레이아웃, 사진, 일러스트 등을 시각적으로 보기 좋게 밸런스를 구성하는 일은 기본 중의 기본이다. 조형은 오브젝트object의 크기, 윤곽, 여백을 말한다. 이것을 몸에 익히는 작업이다. 글자의 크기, 사진의 트리밍trimming(사진을 확대 축소하여 촬영할 때 상하좌우의 윤곽을 결정하는 것), 일러스트의 크기를 고민한 적이 없는가? 오히려 오래 보고 있으면 더 결정하기 힘들다. 전체 간격(여백)과 오브젝트의 형태를 아우르는 전체 밸런스 감각도 센스가 필요한 일이다. 이 워크는 색채 워크와 마찬가지로 직접 많이 그려보고 몸에 익히는 것이 중요하다. 독일의 어느 타이포그래퍼는 교토에 있는 절의 조형을 직접 보러 온다고 한다. 이처럼 일상 풍경에서도 다양한 조형을 느낄 수 있다.

---

■ **방법**

- B3 켄트지와 B4 흑색 켄트지를 준비한다.
- B3 켄트지에 30㎝×30㎝의 커다란 정사각형을 그린다.
- 흑색 켄트지에서 사각형과 원형을 잘라낸다.
- 각자 원하는 주제를 정하고 그 이미지가 느껴지도록 배치하여 붙인다.

---

■ **효과**

- 조형 감각을 익힐 수 있다.
- 간격(여백)을 다루는 감각을 익힐 수 있다.

# 06

## ── CHECK LIST ──

☐ B3 켄트지와 B4 흑색 켄트지 세트를 준비한다.

☐ B3 켄트지에 연필과 자를 사용해 그림을 그린다.

☐ 주제를 정한다.

☐ 흑색 켄트지에서 사각형이나 원형을 임의로 만든다.

☐ 주제를 떠올리며 붙인다.

☐ 오브젝트의 윤곽, 여백을 생각하며 배치한다.

☐ 본인의 방에 장식할 수 있는지, 티셔츠 위에 붙였다면 입고
   나갈 수 있는지 생각한다.

☐ 이해될 때까지 붙이고 떼어 본다.(최소 3장~10장 정도 하면 완벽)

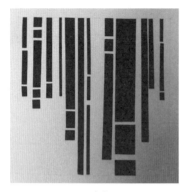

1장째

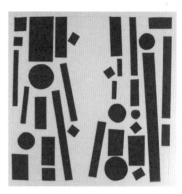

2장째

3장째

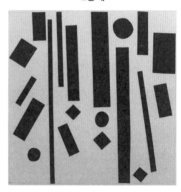

4장째

이 과제는 언뜻 보면 간단해 보이지만 화면 속의 원근감, 여백까지 고려하다 보면 신경 쓸 부분이 많았다. 맨 처음에는 생각대로 손이 잘 움직이지 않았다. 하지만 몇 번 반복하다 보니 감각이 생겨 빨리 제작할 수 있게 되었다. 이번에는 주제를 '비'로 정해서 이미지가 한정적이었지만, 다음에는 다른 주제로 재도전해 보고 싶다.

시로/30세/전문직
Twitter: @ ikaika0616

## 마에다의 리뷰

### 좋았던 부분

밸런스가 너무 좋으면 오히려 재미없는 디자인이 되고, 밸런스가 잘 맞지 않으면 기분이 나빠진다. 그만큼 어려운 일인데 그 미묘한 균형 감각을 잘 발휘했다. 특히 세 번째 디자인에서는 깊이도 느껴진다. 언뜻 보면 무질서해 보이지만, 잘 정리되어 있다. 당장이라도 움직일 듯 보인다. 반면 첫 번째는 정적으로 배치되어 있지만 여백을 잘 나눈 디자인이다.

### 발전 가능성이 보이는 부분

두 번째와 네 번째 디자인을 보면 여백의 간격이 잘 정리되지 않은 느낌이다. 그 이유를 잘 생각해 보자. 그래도 네 개나 만들었다는 점이 훌륭하다. 다음 단계에서는 요소 하나하나를 줄이고 심플하게 바꿔보는 것도 좋겠다. 간격이나 리듬이 단순할수록 오히려 더 어렵다는 것을 알 수 있다.

# 목표: 경청하고 본질 파악하기!

## 기한: 5시간

**■ 개요**

나중에 내가 가게나 회사를 차리게 된다면 어떤 곳으로 만들게 될까? 실제로 차릴 생각이 없더라도 한번 진지하게 고민해 보자. 가게와 기업의 로고를 만들어 보자. 계속 자신에게 물어보면서 그 로고의 본질은 무엇인지를 파악하며 디자인한다. 본질의 정의는 반드시 빠뜨릴 수 없는 근본이다. 그것은 자신의 내부에만 존재하기 때문에 자문자답을 몇 번이나 반복해도 상관없다. 무한대로 경청할 수 있다. 이 워크는 경청하여 본질을 파악하는 능력을 키우는 실천적인 연습 과제이다.

좋은 디자인은 좋은 콘셉트에서 탄생한다. 콘셉트를 정하고 태그 라인tagline(브랜드의 정의) 문구를 정해서 로고를 만들어 보자. 가슴이 뛸 만한 로고를 만들었는지, 티셔츠나 스티커 같은 굿즈를 만들어 보고 싶다거나, 만든 것을 사람들에게 보여주고 싶다는 마음까지 도달하지 못했다면 좋은 콘셉트를 발견하지 못했다는 의미이다.

**■ 방법**

나에게 무슨 질문을 할 것인가? 본인만의 경청을 위한 질문 목록을 준비하자.
질문의 수는 최소 10개가 좋다. 이때 좋은 로고란 '나다움'이 드러나는 것이다.

- 과거부터 현재까지 변함없는 것을 찾아낸다.

- 10년 후에도 내가 변하지 않는 것을 정의한다.

- 그 외에도 다양한 것을 물어보며, 취미나 기호 등 나를 즐겁게 하는 것은 무엇인지 콘셉트와 로고의 러프 디자인도 만들어 보자.

| 로고 |
|---|
| 개요 |
| 태그 라인 |
| |

**■ 효과**

- 본질을 파악하는 히어링 능력, 돌파구를 찾는 방법을 배운다.

- 나 자신을 이해하고 나만의 인생관을 찾는다.

252

## ─── CHECK LIST ───

☐ 독자적인 히어링 시트를 만든다. (포인트는 과거·현재·미래에도 변하지 않는 본질)

☐ 스스로 대답한다.

☐ 회사의 이름이나 타깃, 콘셉트 등을 구체적으로 정한다.

☐ 회사의 태그 라인을 정한다.

☐ 로고를 만든다.

☐ 이해가 되지 않는다면 경청을 위한 질문 목록을 보충한다.

☐ 만든 로고와 콘셉트에 대해 솔직하게 이야기할 수 있는 사람과 대화하여 수정하고 보완한다.

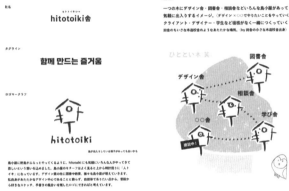

질문에 따라 근본에 접근하지 못해서 몇 번이나 고쳤다. 무엇을 물어볼지, 어디까지 물어봐도 되는지, 해당 부분을 파악하는 것이 굉장히 중요했다. 일부러 단점을 중심으로 살펴보았더니 서투르지만, 무엇을 좋아하고 있었는지 깨달을 수 있었고, 진짜 속마음을 알 수 있었다. 로고의 러프 디자인을 친구에게 보여줬더니 모티프가 신선하고 흥미롭다고 말해주었다.

가와시마 아야카/29세/디자이너

Twitter: @kawashidesign

## 마에다의 리뷰

### 좋았던 부분

결과물에서 가와시마의 이미지가 느껴졌다. 그녀는 상냥하고, 온화하며, 성실한 이미지인데, 이러한 '나다움'이 잘 추출된 것 같다. 로고 분위기도 경청한 것을 바탕으로 명확하게 잘 만들었다. 이 로고를 보여주면서 어떤 회사일 것 같냐고 열 명에게 물어보면 아마 전부 똑같은 대답을 할 것 같다. 그 정도로 이미지가 일관적이다. 히어링 시트에서도 과거 이야기를 언급하는 방법이 특히 좋았다. 자기분석이 훌륭하다.

### 발전 가능성이 보이는 부분

과거의 에피소드는 잘 다루었지만, 현재와 미래까지 이어지도록 좀 더 다양한 질문을 하는 것이 좋겠다. 공통점이 무엇이며 본인이 느끼는 행복이 무엇인지 섬세하게 살펴보자. 정밀도를 높이고 싶다면 자신을 잘 알고 있는 가족에게 보여주는 것도 한 방법이다. 의외로 자신조차 스스로에 대해 잘 모르고 있는 부분이 많을 것이다. 로고 아웃풋은 손으로 직접 그리며 따뜻한 이미지로 접근했는데, 다른 가능성도 찾아보면 훨씬 좋아질 것이다.

255

# 목표: 흔한 디자인에서 탈출하자!

기한: 3일

■ 개요

본인이 만든 작품을 보고 깊이가 없다거나 어디서 본 적 있는 것 같다고 느낀 적은 없는가? 이번에는 자신의 한계를 뛰어넘는 방법을 배우는 작업이다. 크리에이티브는 자신이 좋아하는 것을 열심히 파고들어야 완성된다. 크리에이티브의 본질이 무엇인지 고민해야 한다. 자신이 무엇을 좋아하고 있는지 정확히 알고 이해한다면 아웃풋의 퀄리티가 향상될 것이다. 크리에이터가 끈질기게 파고들수록 가치는 높아진다.

앞으로는 디자인은 필수가 되고, AI화 되는 시대가 온다. 퀄리티는 어디에서 차이가 날까? 바로 개인의 취향에 따라 크게 달라질 것이다. 크리에이티브는 일종의 개인의 심화된 취향이다. 이번 워크는 이 부분을 이해하고 심화하는 과정이다. 나만의 취향이 담긴 잡지 표지의 아트 디렉션을 기획·디자인해 보자.

■ 방법

• 나의 심화된 취향은 무엇인지 써본다.

• 잡지를 기획한다. (콘셉트, 네이밍, 특집 기사, 책 디자인 등)

• 비주얼 (사진, 일러스트, 글자 어떤 것으로 되어 있는가?)

• 사진이나 일러스트는 무료로 제공되는 이미지 사용은 금지하고, 어떻게 만들어야 하는지 상상하여 어려워도 일단 표현해 본다.

■ 효과

• 본인의 본질을 이해할 수 있다.

• 자기 이해 과정을 통해 다른 사람은 흉내 낼 수 없는 나만의 독창성이 뚜렷해질 것이다.

## CHECK LIST

☐ 나만의 취향을 최대한 많이 작성한다.

☐ 구체적인 취향을 선택한다.
  ▪ 범위는 좁으면 좁을수록 좋다.
  ▪ 심화된 취향은 시각적, 감각적으로 자극을 준다.

☐ 잡지 기획서를 만들며 언어화한다. (콘셉트, 타깃, 네이밍, 특집기사, 북디자인 등)

☐ 세상에서 가장 마니악한 잡지를 만든다.

☐ 즐겁게 만든다.

☐ 다른 사람의 반응을 상상하면서 만든다.

예전에는 지나치게 개성만 고집했다. 그러다 점점 업무 스트레스를 받아 창작과 관련된 일은 하지 않던 시기도 있었다. 내가 시작했던 디자인 일은 대부분 고객을 위해 만드는 것이었지만, 이 워크를 통해 오랜만에 내가 누구인지 생각할 수 있었다. 여기에는 그동안 철저하게 외면했던 나만의 개성을 담았다. 마에다 씨에게 감사의 마음을 전한다.

무쓰미 아유코/디자이너

Twitter: @mtm623mutsumi

## 마에다의 리뷰

### 좋았던 부분

일본에서는 찾아보기 힘든 굉장히 독특한 그림과 색채이다. 나는 이러한 색 조합을 하지 않아 신선하게 다가왔다. 시대성도 좋은 의미로 말하자면, 요즘 같지 않다. 그 부분이 특히 좋았다. 색조 자체가 무쓰미의 취향이라는 것이 잘 느껴진다.

### 발전 가능성이 보이는 부분

본인의 취향을 작성하는 부분에 어떤 단어를 썼는지 정확히 알 수 없지만, 'ASIAN GRAPHIC'이라는 타이틀은 그녀만의 개성이 잘 느껴지지 않는다. 이런 도록이 하나쯤 있을 것 같은 기시감이 있다. 이 타이틀 대신에 자신만의 취향이 드러나는 독특한 네이밍을 붙여보는 것이 좋겠다. 기획도 디자인도 훨씬 달라질 것이다. 무쓰미는 특히 색에 대한 나름의 고집이 있는데 앞으로 이 부분을 잘 발전시키면 좋을 것이다.

# 목표: 진정한 트레이스trace는 이렇게 하는 것!
## (얇은 종이를 놓고 그림을 베끼기)

**기한: 5시간**

■ 개요

트레이스를 하면 레이아웃이 좋아진다는 이야기를 한번쯤 들어봤을 것이다. 하지만 이것은 진정한 트레이스가 아니다. 위에 종이를 놓고 그대로 모방해 봤자 실력은 늘지 않는다. 그보다는 디자이너의 의도와 생각을 트레이스하는 것이 훨씬 효과적이다. 본 것을 그대로 베껴봐야 뇌는 움직이지 않는다. 이는 그저 단순 작업에 불과하다. 받아쓰기나, 영어 단어를 암기할 때 멍하니 손만 움직였던 경험이 있지 않은가? 이는 머리를 전혀 쓰지 않는 것이다. 하지만 트레이스는 어느 정도 머리를 써야 하는 작업이다.

■ 방법

- 트레이스하고 싶은 것을 고른다. (예를 들어 포스터 등)
- 15~30분 동안 관찰한다. 텍스트 소재는 미리 입력해 둔다.
- 글자 크기를 이렇게 결정한 이유는 무엇인지, 어떤 폰트인지, 글자의 느낌은 무엇인지, 사진과 일러스트는 어떤 것을 사용할지 고민한다.
- 장점이 무엇인지 생각하고 잘 표현되어 있는지 확인한다.
- 본인의 컴퓨터로 재현한다.
- 잘 모르겠다면 한 번 더 관찰하는 시간을 갖는다.
- 다시 만든다. 잘 모르겠다면 다시 관찰하여 만든다.
- 마지막은 레이어를 합쳐서 기존의 것과 자신이 만든 것의 답을 맞춘다.

■ 효과

- 목적에 맞는 콘셉트를 구축할 수 있다.
- 콘셉트대로 표현할 수 있는 능력을 키울 수 있다.

# 09

## — CHECK LIST —

☐ 본인이 좋다고 생각한 것을 트레이스 소재로 선택한다.

☐ 관찰 시간을 갖고 장점을 이해한다.

☐ 견본은 숨긴다.

☐ 어도비 일러스트레이터 또는 포토샵을 통해서 본인의 컴퓨터로 재현해 본다.

☐ 답을 맞춰본다.

☐ 한 번 더 견본을 숨기고 수정한다.

☐ **마지막으로 답을 맞춰본다.** (컴퓨터로 데이터를 합쳐보는 것도 좋다)

# 목표: 타임 슬립으로 원체험<sup>原體驗</sup>을 살펴보자!

## (기억에 오래 남아 있는 어린 시절의 체험)

> **기한: 5시간**

■ **개요**

이 책을 가지고 있다는 의미는 디자이너이거나, 디자인에 관심이 있는 사람이라는 의미이다. 어느 쪽이든 디자인에 흥미를 갖게 된 계기가 있을 것이다. 디자인의 원체험은 내가 생각하는 크리에이티브의 본질이다. 이것을 이해하면 자신이 만든 창조물에 나만의 강점이 생긴다. 【워크8】의 보조 워크로 사용하면 좋다.

---

■ **방법**

- 부모님이나 친구를 인터뷰한다.
- 테마는 본인의 어린 시절과 크레에이티브의 접점이다.
- note 같은 곳에 글을 쓴다.

---

■ **효과**

- 본인이 가진 크리에이티브의 본질을 알 수 있다.
- 본인의 강점을 알 수 있다.

# 10

☐ 부모님에게 자신의 어린 시절 이야기를 듣는다.

☐ 어린 시절 친구에게 이야기를 듣는다.

☐ 유치원 시절의 떠오르는 추억을 써본다.

☐ 초등학교 시절의 추억을 써본다.

☐ 중학교 시절의 추억을 써본다.

☐ 크리에이티브와의 접점을 note 같은 곳에 글로 쓴다.

# 목표: 만든 방법을 알 수 없는 디자인을 만들어 보자!

> **기한: 5시간**

## ■ 개요

디자인 일에 익숙해지면 자기도 모르게 할 수 있는 범위 안에서만 아이디어를 떠올리게 된다. 디자인 레이아웃이 깔끔한 사람일수록 이러한 경향이 있다. 바쁠수록 무난한 노선을 타면 좋은 디자인을 쉽게 만들 수 있고, 실패할 위험은 적어지기 때문이다. 【워크8】에서도 살짝 다루었지만, 디자인을 보고 대체 어떻게 만든 것인지 궁금해질 정도의 개성 있는 것을 만들어야 사람들의 마음을 사로잡을 수 있다. 이 워크는 자신의 틀을 깨기 위한 연습이다. 이 책의 홍보용으로 역내 광고 디자인을 10개 정도 만들어보자. 자신의 뇌를 자극하고, 발상의 틀을 깨는 작업이다.

## ■ 방법

- 어디에, 누가, 무엇을 전달하는지 광고 포인트를 파악한다.
- 만드는 방법은 생각하지 않고 기획한다.
- 손으로 직접 러프 디자인을 그린다.
- 쉽게 만들 수 있는 뻔한 아이디어는 버린다.

## ■ 효과

- 본인의 고착된 크리에이티브의 틀을 깰 수 있다.

# CHECK LIST

☐ 광고 포인트를 파악한다.

☐ 어디에서·누가·무엇을 전달하는지 써본다.

☐ 이 책을 널리 알리는 것이 목적이다.

☐ 손으로 직접 러프 디자인을 그린다.

☐ 쉽게 만들 수 있는 뻔한 아이디어는 버린다.

☐ 디자인을 10개 정도 만든다.

# 목표: 촌스러운 티셔츠를 만들자!

기한: 3일

■ 개요

【워크5】와는 정반대로 진부함이 무엇인지 배우는 워크이다. 사실 디자이너는 진부함에 집착하는 편이다. 평소에도 많은 디자이너가 자신이 만든 디자인이 촌스러울까 봐 걱정한다. 진부함이 무엇인지 알면 오히려 대중적인 느낌과 감각을 파악할 수 있다. 어느 부분이 새롭지 못한지 제대로 알게 된다면 그 디자인에는 개선의 여지가 생긴다. 이번에는 일부러 진부한 디자인을 10개 정도 만들어보자.

■ 방법

- '진부한 티셔츠'를 찾는다.
- 디자인을 언어화한다.
- 티셔츠에 러프 디자인을 한 종이를 붙이고 밖을 돌아다녀 보자.

■ 효과

- 진부함이 무엇인지 알면 디자인할 때 이것을 피할 수 있다.

# 12

## ─ CHECK LIST ─

☐ 핀터레스트를 사용해 본인이 생각하는 '진부한 티셔츠'를
  많이 찾아 모은다.

☐ 다양한 촌스러움을 언어화한다.

☐ 티셔츠에 러프 디자인한 종이를 붙여 밖을 돌아다녀 본다.

☐ 디자인을 완성한다.

↑

# 목표:'오니 피드백®' 과정을 통해 한계를 극복하다!

> ## 기한: 5시간

## ■ 개요

디자인을 하다 보면 마지막에는 스스로 판단해야 하는 때가 많다. 그만큼 평소에 세심하게 판단할 수 있는 능력이 필요하다. 나의 한계가 어디까지인지 파악하고, 끌어올려야 한다. 열심히 만든 것을, 눈에 불을 켜고 꼼꼼하게 피드백해 보자. 이때 내가 만든 디자인을 객관적으로 볼 수 있는지가 관건이다. 객관적인 시점을 가지는 방법은 두 가지이다. 첫 번째 그 디자인을 본인이 싫어하는 사람이 만들었다고 상상하자. 두 번째 진상 고객이 되어 지적하자. 자신이 지금까지 만든 대표작 세 개를 '오니 피드백'해 보자. 이 워크는 자신의 능력을 최대로 끌어올리는 작업이다.

---

## ■ 방법

- 자신의 대표 디자인 세 개를 선정한다.
- 그 디자인을 꼼꼼하게 피드백한다.
- 지적한 부분을 언어화하여 정리한다.
- 스스로 지적한 부분을 그대로 수정한다.
- before와 after를 나열한다.

---

## ■ 효과

- 나의 한계가 어디까지인지 알아볼 수 있다.

# 13

---
## CHECK LIST
---

☐ 자신의 대표 디자인 세 가지를 고른다.

☐ 디자인을 하나하나 지적한다.

☐ 그 디자인을 자신이 싫어하는 디자이너의 작품이라고 생각한다.

☐ 진상 고객이 되어 지적한다.

☐ 꼼꼼하게 언어화한다.

☐ 언어화한 것을 보고 그대로 수정한다.

☐ 비포와 에프터를 나열한다.

# 목표: 독특한 명함을 만들어 보자!

## 기한: 1개월

**■ 개요**

독특함이라고 제약을 설정하면 독특한 디자인이 탄생하기 쉽다. 사람들의 관심을 끌고 싶다면 평범함은 피해야 한다. 독특해야 인상에 남기 때문이다. 중독성 있는 매력적인 디자인을 만드는 워크이다. SNS를 통해 독특한 명함을 원하는 사람들을 모집해 보자. 디자인 요금은 1만 엔 정도로 싸게 설정하고, 가능하면 인쇄 비용에 투자해서 아이디어를 최대한 살려 인쇄하자. SNS에 노출하여 부담감을 주는 것도 한 방법이다. 독특하게 인쇄 가공하는 것만이 목적은 아니므로, 그 사람에게 꼭 맞는 아이디어로 명함을 디자인하자.

**■ 방법**

- SNS에서 독특한 명함을 원하는 사람을 모집한다.
- 기획 취지를 설명한다.
- 원하는 디자인을 물어보고, 거기에 맞게 프레젠테이션을 진행한다.
- 인쇄한다.
- 디자인이 완성되면 SNS에 공개한다.

**■ 효과**

- 아이디어, 기획력, 디자인 능력을 키울 수 있다.
- SNS에서 본인을 홍보할 수 있다.

270

# 14

## CHECK LIST

☐ SNS에서 독특한 명함을 원하는 사람을 모집한다.

☐ 기획의 취지를 잘 설명한다.

☐ 어떤 디자인을 원하는지 물어본다.

☐ 그 사람의 이미지에 맞는 독특한 디자인을 만든다.

☐ 프레젠테이션한다.

☐ 인쇄한다.

☐ 디자인이 완성되면 SNS에 공개한다.

# 목표: 감정을 실어라!

## 기한: 5시간

**■ 개요**

작품에 리얼리티가 있다는 것은 아주 큰 장점이다. 사진 같은 리얼리티가 아니라, 감정 면에서의 리얼리티이다. 이것은 작품의 퀄리티를 높여준다. 직접 체험하고 얻은 감정을 자세히 파악하고 표현해 보자. 흔히 애니메이션을 만들 때, 소재를 찾아 해외로 나간다. 이는 정보 수집의 의미도 있지만, 직접 체험해서 사실적인 감동이나 감정을 저장하기 위함이다. 자신의 감정을 표현하는 것은 좋은 작품을 만드는 데 중요하다. 이번 워크는 이것을 훈련하는 작업이다. 이 워크를 통해 일상생활에서 경험한 것들을 저장할 수 있다.

**■ 방법**

- 가장 기억에 남았던(감정이 흔들렸던 때) 경험을 써보자.
- 그 경험을 그래픽, 로고, 일러스트, 콜라주, 서예 등 다양한 그림으로 표현해 보자. 비주얼 아트 표현이라면 무엇이든 좋다.

**■ 효과**

- 작품에 리얼리티를 불어넣는 능력을 키울 수 있다.

272

# 15

## ── CHECK LIST ──

☐ 마음이 흔들렸던 경험을 써본다. (희로애락)

☐ 그중 가장 마음이 흔들렸던 경험을 고른다.

☐ 적절한 비주얼 표현을 고른다.

☐ 그때를 떠올리며 만든다.

273

# YOU WIN!

**닌텐도 디자이너의 독립 프로젝트**
그래픽 디자인 생존 전략

**초판 발행**   2022년 10월 5일
**펴낸곳**   유엑스리뷰
**발행인**   현호영
**지은이**   마에다 타카시
**옮긴이**   한세희
**편 집**   송희영
**디자인**   오미인
**주 소**   서울시 마포구 월드컵로 1길 14, 딜라이트스퀘어 114호
**팩 스**   070.8224.4322
**이메일**   uxreviewkorea@gmail.com

ISBN  979-11-92143-48-4